ト『21 世紀の市民講座』シリーズ No.10

フクシマで “日本国憲法〈前文〉” を読む

―家族で語ろう憲法のこと

金井　光生
著

（画像提供　長谷川健一氏）
家族を遺して自殺した福島県相馬市の酪農家の遺言

公人の友社

【憲法前文・比較】

日本国憲法

（一九四六年一一月三日公布、
一九四七年五月三日施行）

日本国民は、正当に選挙された国会における代表者を通じて行動し、われらとわれらの子孫のために、諸国民との協和による成果と、わが国全土にわたつて自由のもたらす恵沢を確保し、政府の行為によつて再び戦争の惨禍が起ることのないやうにすることを決意し、ここに主権が国民に存することを宣言し、この憲法を確定する。そもそも国政は、国民の厳粛な信託によるものであつて、その権威は国民に由来し、その権力は国民の代表者がこれを行使し、その福利は国民がこれを享受する。これは人類普遍の原理であり、この憲法は、かかる原理に基くものである。われらは、これに反する一切の憲

自民党日本国憲法改正草案

（二〇一二年四月二七日決定）

日本国は、長い歴史と固有の文化を持ち、国民統合の象徴である天皇を戴《いただ》く国家であって、国民主権の下、立法、行政及び司法の三権分立に基づいて統治される。

我が国は、先の大戦による荒廃や幾多の大災害を乗り越えて発展し、今や国際社会において重要な地位を占めており、平和主義の下、諸外国との友好関係を増進し、世界の平和と繁栄に貢献する。

日本国民は、国と郷土を誇りと気概を持って自ら守り、基本的人権を尊重するとともに、和を尊び、家族や社会全体が互いに助け合って国家を形成する。

3　憲法前文・比較

法、法令及び詔勅を排除する。

日本国民は、恒久の平和を念願し、人間相互の関係を支配する崇高な理想を深く自覚するのであつて、平和を愛する諸国民の公正と信義に信頼して、われらの安全と生存を保持しようと決意した。われらは、平和を維持し、専制と隷従、圧迫と偏狭を地上から永遠に除去しようと努めてゐる国際社会において、名誉ある地位を占めたいと思ふ。われらは、全世界の国民が、ひとしく恐怖と欠乏から免かれ、平和のうちに生存する権利を有することを確認する。

われらは、いづれの国家も、自国のことのみに専念して他国を無視してはならないのであつて、政治道徳の法則は、普遍的なものであり、この法則に従ふことは、自国の主権を維持し、他国と対等関係に立たうとする各国の責務であると信ずる。

日本国民は、国家の名誉にかけ、全力をあげてこの崇高な理想と目的を達成することを誓ふ。

我々は、自由と規律を重んじ、美しい国土と自然環境を守りつつ、教育や科学技術を振興し、活力ある経済活動を通じて国を成長させる。

日本国民は、良き伝統と我々の国家を末永く子孫に継承するため、ここに、この憲法を制定する。

目次

〔注意〕

・本書では、二〇一一年三月一一日に発生した東日本大震災、それに伴う東京電力福島第一原子力発電所事故およびその後も継続している被災・被曝の一連の現状を総称して、「3・11」と象徴的に表現しています。
・本書で単に条文数のみを示しているものは現行の日本国憲法の条文を指しています。日本国憲法と自民党の日本国憲法改正草案の全文を参照したい方は、自民党ウェブサイト（http://www.jimin.jp/policy/policy_topics/pdf/seisaku-109.pdf）などをご覧ください。
・本書で挙げた文献名の副題は必要に応じて記載しています。
・本書の内容は二〇一三年一〇月時点のものですが、一部、校正段階において、その後の情報も付加してあります。
・本書は、福島大学学術振興基金および（財）民事紛争処理研究基金の助成を受けた研究成果の一部です。
・草稿段階で、福島大学行政政策学類の阪本尚文講師および二〇一三年度金井専門演習のゼミ生に目を通していただき、貴重なご意見を頂戴しました。また、各方面より貴重な画像等を提供して頂きました。ここに記して感謝を申し上げます。

はじめに　いま、フクシマで日本国憲法前文を読むこと

突然ですが、問題です。

日本国憲法の公布と施行はいつで、条文数は全部で何条でしょうか？

みなさん、すぐにお分かりになりましたか（正解は27頁をご覧ください）。

二〇一三年三月二九日の参議院予算委員会で、安倍晋三首相は、憲法を少しでも勉強した人ならば当然知っているはずの戦後最大の憲法学者で通説を形成して大きな貢献をなした文化功労者・故芦部信喜博士を「存じ上げておりません」と述べただけでなく、日本国憲法一三条についての質問にまともに答えることもできませんでした。二〇一二年五月二八日には、自民党改憲派の取りまとめ役ともいうべき礒崎陽輔参議院議員は「立憲主義という言葉は聴いたことがない」旨ツイッターで呟いてい

ました。「立憲主義」については第一章で説明しますが、憲法学の基本中の基本の常識です。なお、二〇一三年六月一七日には、高市早苗衆議院議員（現自民党政調会長）は「福島原発事故で死亡者はいない」と本音を漏らして原発再稼働を正当化しようとしました。

＊　　＊　　＊

いかがでしょうか。二〇一一年三月一一日の東日本大震災後の衆議院選挙で圧勝し政権の座に返り咲いた自民党は安倍政権の下で参議院選挙も制覇して、年来の党是であった日本国憲法改正（本書で説明しますが、実態は現行の日本国憲法の廃棄による「新憲法の制定」です）を本格的に進めようと躍起になり、二〇一二年四月二七日には私たちの人権を大幅に制約するような保守的な内容の「日本国憲法改正草案」（以下「自民党改憲案」と呼びます）を発表しました。

しかし今見ましたように、保守的改憲を声高に叫んでいる人たちが、憲法学の常識も日本国憲法の基本的知識もアヤフヤで、しかも、国策民営で東京の電力を作り出してきた東京電力福島第一原子力発電所の事故（国際原子力事象評価尺度（ＩＮＥＳ）で最悪の「レベル７」（深刻な事故））の被曝者等への配慮も欠いているような有り様なのです。それどころか、東北の被災者の救済も被災地の復興も進まない中、福島第一原発からの放射性物質の垂れ流しは続き、今年八月二八日には放射能汚染水漏れが「レベル３」（重大な異常事象）と評価される異常事態になっています。にもかかわらず、強引な改憲主張と二〇二〇年夏季オリンピック・パラリンピックの東京誘致で浮かれているのを見るにつけ（首都直下型地震の騒ぎはどこに行ってしまったのでしょうか）、国レベルで３・11のことを無理やり風化させて忘れてしまおうとしているのではないかと疑いたくなってしまいます。一国の一大事である改憲に関して安倍首相以下与党はあまりにも不誠実で、アベノミクスの現時点での一定の成果を笠に着て、国民を、特に被災者・被曝者たち（もちろん、現場の原発関連労働者も含まれます）を軽視しているように見えます。

思い返せば、福島第一原発事故当時、時の民主党政権下で、旧原子力安全・保安院をはじめとして政府も東電も情報を隠ぺいしたり操作したりして多くの被曝者を生み出しました（日隅一雄ほか『検証福島原発事故・記者会見』〔岩波書店、二〇一二年〕、木野龍逸『検証福島原発事故・記者会見2』〔岩波書店、二〇一三年〕などを参照）。「国は信用できない」、「国に見捨てられた」、「本当に危機の時、国は何もしてくれない」…、多くの福島人がそう思いました。国策のために犠牲者を見捨てる棄民政策。かつての戦争時代と変わりません。震災当時乱立した各種の震災対応の国家組織の多くで議事録が未作成だったという秘密主義自体、情報公開責任も説明責任（アカウンタビリティ）も無視したあるまじき振る舞いでした。一万八五〇〇人以上の死者・行方不明者を出した震災からまもなく三年近く経とうとする現在でさえ、自民党政権に戻っても、被災者・被曝者の個人の尊重および幸福追求権（一三条）や生存権（二五条）などの保障・実現は蔑ろにされたまま、除染も除塩も進まず、いまだに故郷で生活することができない人々もたくさんいます。

現在、避難者ではない福島市民などの多くの人々は、震災以前と一見変わらない生活に戻っています—とはいえ、低線量被曝は続き、毎日の天気予報とともに「今日の放射線量」が放送されるという非日常が日常化した中で、なのですが。しかし一方、二〇一三年八月一二日現在、福島県・宮城県・岩手県の避難者は二八万九六一一人で、放射能への不安を抱える福島県は県外避難者が五万二二七七人もいらっしゃるのです。こうした状況の中、東電のずさんな事故処理への抜本的な改革もなされず、原発エネルギー政策そのものの真剣な再検討もなされないままで、安倍政権が、戦後の原発国策を積極的に推進してきた自民党の党是としての保守的改憲の実現を、日本国憲法の人権尊重の精神よりも重視しているようでは、とても愛すべき国とはいえません。

改憲を論じる政治家たちが憲法の勉強をしっかりするのは当然の責務ですが、翻って考えると、私たち自身はどうでしょうか。ひょっとしたら、冒頭の問題に即答できなかった人もいるかもしれません。即答できた人でも、日本国憲法の全文を読んだことがある人は少ないかもしれませんし、「憲法」と「法律」の違いすら知らない人もいるかもしれません。このような状態の中で、本当の意味での「国民意思による改憲」は可能なのでしょうか。

改憲に賛成／反対という結論を出す前に、公権力者である政治家はもちろんのこと、私たち市民も、せめて大学の授業で定番となっている憲法学の教科書程度は読んで、日本国憲法のエッセンスを理解しておくことが最低限の作法でしょう。まして、東日本大震災と原発事故からの救済も復興もならぬうちに、「ねじれ国会」が解消された勢いに乗じて、国民の意識も議論も不十分なままに、原発再稼働・保守的改憲等々に自民党が暴走して突き進んでいくことにならないように、主権者である私たちがきちんと国を監視しコントロールしなければなりません。

憲法上の権利は原則として個人が国家権力による権利侵害について救済を求めるものですので、国家が直接の原因でない自然災害の被災者の憲法上の権利救済については難しい議論があります。また、国により許認可が与えられた民間の事業者が市民に被害を与えることは飲食店の食中毒事件をはじめいろいろありますが、原則として国が法的責任を負うことはありません。しかし少なくとも、国策民営の原発行政で多大な人災被害をこうむっている私たち福島人には、国家に対してその失策の責任を追及し、私たちの権利救済を求める憲法上の資格があるはずです。原発に関しては、国策として歴代の政権与党が積極的に推進してきただけでなく、その潜在的危険性と事故の被害の甚大さ、被曝者のモルモット化、中央と地方との搾取的な構造、さらに本文で述べるように、核兵器との関連なども含めて考えると、国の法的責任がないとは言えません。

本書では、こうした法的責任を追及し被曝者の権利を救済するための法的な主張の根拠となるものこそ、あえて前文で「平和的生存権」を宣言している日本国憲法であることを主張します。そして、いまだ十分に生かし切れていない日本国憲法のポテンシャルについて説きます。

ただでさえ、日本政府は、私たちの将来やまだ見ぬ子孫たちのいのちに対して、長期間消えることのない放射性物質をばらまくことを許すという、取り返しのつかない原罪を犯してしまったのです。地震・津波・原発震災・風評被害という四重苦に見舞われてしまったフクシマの私たちにこそ、日本国憲法をよく知り、平和的生存権を掲げて私たちの人権の保障・実現を目指す日本国憲法を後世に語り継いでいく使命があるのではないでしょうか。最悪の事態になって「想定外だった」は、もうゴメンです。きちんと知識を修得し自分たちで考え議論して、「思想の自由市場」を活性化していかなければなりません。四重苦の地獄を見たフクシマでこそ、日本国憲法をしっかり読んで、明日の福島、東北、そして日本を考えていく意義があるだろうと思います。福島原発事故とは自分は無関係と考えている人にも、今回の一連の大惨事が一地方の「福島」という問題で終わるのではなく、日本全体が深く抱え込んでいる構造的な問題―「フクシマ」という事件―であることに気づけば、決して他人事ではない恐ろしさを感じるはずです。

本書は、３・11が全国的には風化しつつある現在だからこそ、この福島から全国に発信することで、少しでも、みなさんのお役に立つことができれば幸いと思い、執筆しました。私が震災後感じていることのひとつは、福島の現実、人々の苦しみやがんばりを取材したローカル局の情報番組等を福島県内で放映するだけでなく、深夜枠でもひと月に一度でもなんでもよいので中央のキー局で流してもらいたい、ということです。振り返れば、あの三月一二日の福島第一原発1号機の爆発は、地元の福島中央テレビがその決定的瞬間を押さえて東京の日本テレビに映像を発信したことで―福島県内での放送から一時間以上のタイムラグがありましたが―全国に放送されたのでした（本書44、45頁画像）。私も今回、たとえテレビほどの影響力はなくても、悩み苦しみながらも福島大学の教壇に立つ学者のはしくれとして、福島から全国に向けて声を上げなければ、と思った次第です。

◆本書について

本書は、福島大学行政政策学類（旧行政社会学部）創設二〇周年の記念事業の一環として二〇〇八年より刊行されている市民向けの福島大学ブックレット『二一世紀の市民講座』シリーズの最終巻（第一〇巻）に当たります。本格的な憲法の学習の前に、３・11原発震災の観点から、特に平和的生存権に着目して現行の日本国憲法前文を読むことを目的として、高校生くらいから読めるように書きました。前文は憲法全体の「顔」であり、それゆえ国全体のアイデンティティを凝縮して宣言した重要な部分なので、これから日本国憲法をまじめに考えようという人にはイントロダクションとして格好の素材ですし、日本国憲法の精神をつかみ取るのには最適です。憲法の各条文や改憲論議には必要な限りで触れるにとどめていますので、日本国憲法全体や最近の改憲論議自体を詳しく知りたい方は、本書を取りかかりとして、巻末の【推薦図書】や【主要参照文献】をガイドにして、みなさんがそれぞれ様々な憲法関連の文献に触れて思考を鍛えてください。主権者として、改憲する／しないを決めるのは、その次の話でしょう。

＊　　＊　　＊

自分の読書用として、学校の授業用として、家族で語り合う話題用として、本書を広く利用していただければうれしいです。

憲法について、みんなで語りましょう！

第一章　憲法と立憲主義を知っていますか

再び、問題です。

憲法とは何でしょうか？

いかがでしょうか。これはなかなかの難問かもしれませんね。

一国の法体系の中で一番上にある最も重要な法（最高法規）である、というのをイメージする人も多いでしょう。国の仕組みやあり方を定めた基本的な法だ、という答えをする人もいるでしょう。間違ってはいませんが、大変に重要なことが抜け落ちています。

本章では、日本国憲法前文を読むに当たって知っておかなければならない限度で、「そもそも憲法とは何か」について簡単に説明しておきます。

まず、憲法というものをきちんと知るには、憲法と密接にかかわっている「立憲主義」という大変重要な考え方を踏まえなければなりません。

1　私たちの人権を保障するために法の支配の国家はある

法とか法律とか聞くと、みなさんは、自分たちを縛るルールで堅苦しくてウザイものだと思うかもしれません。でもちょっと待ってください。私たちが普段、好きなことを話したり書いたり、映画や音楽やゲームを自由に楽しんだりできるのは、憲法に「表現の自由」（二一条）が保障されているからです。みなさんが、どんな職業でも自由に目指すことができるのも、憲法に「職業選択の自由」（二二条一項）が保障されているからです。自由恋愛で結婚するのもしないのも、やはり憲法に「婚姻の自由」（二四条一項）が保障されているおかげです。私たちが人として生きていくうえで大切な様々な自由を守る人権が憲法で保障され、そして、それを具体化しみんなで仲良く暮らしていくための細かいルールとして、憲法に適合した下位の法律や命令（法令）などが定められ、それらに基づいて国は活動しています。国は公共サーヴィスとして、私たちの人権を保障・実現するために創設されているのです。

有名な一七八九年フランス人権宣言（正式には、「人および市民の権利宣言」といいます）の一六条には、この近代の憲法のエッセンスが端的に表明されています。

フランス人権宣言一六条

> 権利の保障が確保されず、権力の分立が定められていないすべての社会は憲法を持つものではない。

逆にいえば、「ちゃんとした立派な国」といえるためには、人々の人権の保障を目的として、その実現のための手段として統治機構がきちんとシステム設計され適正に運営されていなければならない、ということです。国とは、憲法によって、私たちの人権を保障する道具として創られたものなのです。ということは、憲法（人権）より国のほうが優先することは論理的にありえません。ですから、当然、国が憲法で保障された人権を不当に侵害することは許されません。国が私たちを取り締まったり処罰したりできるのも、あくまで他人の人権を侵害するような場合に限られるのが原則です。要するに、国は、社会福祉や社会保障などの人権をより充実させるための公共サーヴィスなどを除いて、他人の人権との調整の役割を果たす以外は、基本的に個人の自由に任せておかなければなりません。この考え方が、日本国憲法の基本原理のひとつである「個人主義」です。

個人主義（individualism）は、日本国憲法では「すべて国民は、個人として尊重される」（一三条前段）と、はっきりと規定されています。これは、他人を押しのけてまで個人のわがままを認める利己主義（egoism）とイコールではなく、もとより、なんでもかんでも個人的な欲望を人権として認めるといった話ではありません。「私もあなたも彼・彼女もみんな同じ人間なのだから、お互いにお互いを個人として尊重して、国家や社会といった集団の利益よりも優先して、各人に共通する人権を対等に最大限保障しましょう」ということです。それゆえ、個人の人権の限界は当然にあり、その一線がどこにあるのかを考えるのも憲法学の課題なのです。

哲学者ジョン・スチュワート・ミルが有名な『自由論』（一八五九年）で述べたように、国が個人の自由を規制できるのは、その個人の自由の行使が他人の自由や権利を侵害する危険がある場合に限られるのです。そこで原則として、国が、各人の人権の調整と公共サーヴィスの提供といった基本的な任務を超えて、たとえ道徳的に善いと思われていることであってもそれを公権力を用いて強制したり、反対に、道徳的に悪いと思われていることであってもそれを公権力を用いて取り締まったりすることは、出過ぎたでしゃばりだ、ということになります。道徳的な善悪といった価値観や世界観などは、人それぞれ顔かたちや性格が違うように、人によって違って当然だからです。内心の事柄は人々の「思想・良心の自由」（一九条）の問題なのであって、議論すべきことは市民社会の「思想の自由市場」に委ねるべきであって、国の出る幕ではありません。

◆思想の自由市場について

「思想の自由市場」とは、「経済の自由市場」のアナロジーで、自由なコミュニケーション過程のことです。この考え方は、もともとは、アメリカ合衆国連邦最高裁判所のオリヴァー・ウェンデル・ホームズJr.裁判官が一九一九年のAbrams vs. United States事件判決（250 U.S. 616）における有名な反対意見の中で述べたものです。ホームズ裁判官は、こう述べています（250 U.S. 630. 強調は筆者）。

意見の表明に対して迫害を行うことは、私には完全にロジカルなことであるように思われる。自分の前提や権力になんら疑いを抱かず、心から一定の結果を望むなら、あなたは当然のことながら自分の願望を法の中に表明して、すべての反対意見を排斥するものだからである。…しかし、闘い合う多くの信条が時の経過により覆されてしまったことを悟るに至ったとき、人々は自分たち自身の行為のまさしくその基盤を信じることにもまして、求められるべき究極の善は思想の自由な交換によってより良く達成されるということ―真理の最良のテストは市場競争において自らを受け入れさせる思想の力であること、そして、真理こそ人々の願望を安全に実現できる唯一の根拠であることを信じるようになるのかもしれない。いずれにせよ、これがわれわれの憲法の理論である。

ホームズは、戦争中であっても、最大限にリベラルな判決や反対意見などを執筆した裁判官として有名です（彼の遺した貴重な文書の一部は、マイクロフィルム資料として福島大学附属図書館に所蔵されています）。この事件は、第一次世界大戦中のアメリカ合衆国で反戦ビラをばら撒いたことが戦争妨害行為に当たるとして起訴されたものでした。多数意見は被告人らを有罪としたのですが、ホームズ裁判官は思想・表現の自由を擁護して、戦争中であってもコミュニケーションの自由を最大限に保障しなければならないことを説き、無罪を主張したのです。

この考え方は、一国に留まるものではなく、普遍的に妥当するものでしょう。どんな状況であれ、人間は自日に思想・表現をコミュニケートして他者との交わりの中で精神的に成長していきます。また、個人の人格の発展だけでなく、健全な民主政治を運営するためにも自由なコミュニケーション（特に「政治を批判する自由」）は重要であって、特定の価値観などを国家が選定して法的に強制するなどというのは、あってはならないことなのです。歴史が教えるように、神や国や君主などといった特定の価値だけを絶対的なものとみなして強制したり洗脳したりして、その価値とは異なる価値観を持つ人たちを弾圧したり排除したりすることは悲劇を生むだけです。もっとも、個人主義もひとつの価値観・世界観には違いありませんが、それは各人それぞれの価値観・世界観の多元性を認めようという点で、最も寛容で受け入れやすいものです。日本国憲法は、特に明治憲法下での過ちと苦しみの反省に立って、思想・表現の自由を中核とした個人主義を選択することを決意したのです。求められているのは、実力や暴力や武力ではなく、個々人の「思想の力」なのです。

多様な価値観をもった多彩な人々がともに平和で幸福に共生するためのルールが法であり、その共生が損なわれないように様々な措置を行うことを国に命じているのが「国の最高法規」（九八条一項）としての憲法なのです。憲法とは、個々人の人権を保障・実現するために、国がやらなければならないこととやってはならないことを境界づけて命じるコントロール・マニュアルだといえます。ですから、法学は第一に法テキスト解釈学であって、個人の主観的な感情論・道徳論・価値観・宗教観などといったものとはいったん切り離して考えなければなりません。そうしないと、個々人の価値観のぶつかりあいで、世の中収拾がつかなくなってしまいますから。それどころか最悪の場合、国家権力が特定の価値観だけを選定し強制して市民の「思想の自由市場」を窒息させてしまいます。

2　法令には市民が従い、憲法には公務員が従う

このように、私たち主権者の人権を保障・実現するために国家権力を公正で適正なものとするためにコントロールするのが憲法であり、憲法に則って国の運営（統治や政治）を行っていくことを「立憲主義」といいます。いくら優れた機械やコンピュータでも、しっかりした制御機能がなければ危険ですからね。君主や独裁者の専制よりも、「自分たちのことは自分たちで決める」という国民主権の民主制のほうが良いに決まっていますが、その民主的な政治でさえ間違ったり濫用されたりすることはあるのですから、民主的な決定によってすら侵してはならない一線を人権として硬性憲法に定めることで、国が暴走しないようにしているわけです。「国家権力（＝主権）に歯止めをかける立憲主義」という原理は憲法学の基本であり、人類の長い歴史の中で勝ち取られてきた叡智なのです。

◆立憲主義について

この立憲主義については、一八八九年大日本帝国憲法（明治憲法）制定の立役者であった伊藤博文も当然に知っていました。日本国憲法とは違い明治憲法は天皇主権であり、臣民の権利も憲法上制約

された保守的な内容でしたが、それでも、彼は、君権（天皇＝国の権力）を制限し、臣民の権利を保障することが、ちゃんとした憲法を持った一人前の国なのだ、ということを自覚していたのです。

そもそも憲法を創設するの精神は、第一君権を制限し、第二臣民の権利を保護するにあり。ゆえにもし憲法において臣民の権利を列記せず、ただ責任のみを記載せば、憲法を設くるの必要なし。

（『枢密院会議議事録第一巻』［東京大学出版会、一九八四年］二一七頁。読みやすさを考慮して表記を適宜改めました。）

この立憲主義の原理は、その後の明治期の自由民権運動や大正期の大正デモクラシーの時代思潮を背景に、植木枝盛や鈴木安蔵といった人たちを通じて日本の法文化の地下水脈に受け継がれてきました。第三章でお話しますが、福島県出身の鈴木安蔵は、ＧＨＱ草案を通じて日本国憲法の内容に大きな影響を与えた人物です。

現在の私たちは、国が暴走しないようにリミッターというかストッパーというか、国家権力にタガをはめるものとしての憲法を戴く立憲主義の伝統の下で、私たちの生活を保障する法令により安心して普通に暮らしていけるのです。ですから、私たち市民には、憲法の下にある法令や国の活動に従う法的な義務があります。しかしそれは逆にいうと、私たちが法令や国の活動に従わなければならないのは、それらの内容がちゃんと憲法に適合したマトモなものであるからなのです。憲法から逸脱した無茶苦茶な内容や権力者のわがまま自分勝手な内容の法令や国の活動では困ってしまいます。ですから、憲法は最高法規として、そういった悪い事態にならないように、法令や国の活動の内容や、それを担う政治家や役人など公務員の振る舞いをあらかじめ厳格に縛っているのです。一国の法体系においては、憲法よりも下位の法令はすべて最高法規である憲法に適合しなければならず、その法令の制定や執行に当たる公務員には憲法に従う義務がある、ということになります（憲法違反の法令や国の活動は最終的に裁判所による「違憲審査権」（八一条）により違憲無効とされることになります）。

たとえば、私があなたのお金を勝手に取り上げたら犯罪ですが、税務署の役人が市民から強制的に税金を徴収しても犯罪にならないのは、憲法に適合した法令（各種の税法等）に従って適法な活動をしている限りでそうなのです。

というわけで、日本国憲法九九条は、

九九条　天皇又は摂政及び国務大臣、国会議員、裁判官その他の公務員は、この憲法を尊重し擁護する義務を負ふ。

というふうに公務員の憲法尊重擁護義務を確認として規定しています。その中に主権者である「国民」が挙げられていないのは、これまでお話したところから当たり前のことですし、かりにこの種の規定が明記されていなくても論理的にいって当たり前のことなのです。憲法全体に国民の権利ばかりが書いてあって義務が少ないのも当たり前ですし、このような私たちの人権を保障する重要な立憲主義的憲法であるがゆえに、その時々の国益や権力者の思惑などで安易に変更できないように、憲法改正が法律の改正よりも難しい「硬性憲法」となっているのも当たり前なのです。最高法規である憲法と、法律は違うのですから。

ところで、自民党改憲案では、一〇二条一項で「全て国民は、この憲法を尊重しなければならない」と国民の憲法尊重義務を優先的に規定し、その後、二項で「国会議員、国務大臣、裁判官その他の公務員は、この憲法を擁護する義務を負う」と天皇・摂政を外して公務員の憲法擁護義務を規定しています。自民党改憲案一条では「天皇は、日本国の元首」であると明確に規定しており、その他条文では国民の権利を制限し義務を新設しており、明らかに「天皇を戴く国家」（自民党改憲案前文）というアイデンティティを強く打ち出しているのが分かります。自民党改憲案全体を読むと、憲法を「国家をコントロールするルール」から「国民を支配する道具」へと変革しようとするものであることが明確に見て取れます。もはや現行の日本国憲法とは別物となっているどころか、国民主権の立憲主義的憲法からも退行しており、立憲主義を基礎とする世界の主要国の中で、とても名誉ある地位を占めることができるといえるような代物ではありません。

3　もう一度、立憲主義と日本国憲法の精神に立ち戻る

世の中には、ことさら国と国民は対立するものではないとして厳格な立憲主義を緩めようとする議論がありますが、いまだ国民が国を全面的に信頼できるような状況にはなく、国民と国家権力とを対立的に考えなければならない必要性はなくなっていません。ちょっと考えるだけでも、不当な取調べによる冤罪事件や、社会保障で不当に扱われた事例など、国による様々な問題が浮かびます。政治家や役人の不祥事や暴言・失言の類などはいうまでもありません。まして、震災と原発事故の被害者である私たちは、政府に振り回されるだけ振り回された挙句に切り捨て同然の目に遭っている当事者であって、国家権力の恐ろしさをリアルに感じているはずです。

第一、政治家や役人がたとえ国民のための政治をきちんと行ってくれる善人ばかりだったとしても（現実はガッカリすることだらけですが）、全知全能の神様ではなくて人間である以上、過ちや失敗を犯すリスクの可能性を絶えず想定しておかなければならないはずです。極端な話、君主主権であれ国民主権であれ、たとえば「戦争してあの国を亡ぼせ」、「特定の人々を差別せよ」といった危険な政治的決定を感情的に行わないとは限りません。そうならないように、憲法であらかじめ国家権力に合理的なコントロールをかけておくのは賢明な策です。

日本国憲法は、緊急の災害に見舞われても、市民のいのちや生活を守れるように、常日頃から人権を充実させ、人権を最優先した政治・政策を行うように国に命じています。当然、国策人災によって人命や人権が脅かされるようなことがないように統治を行うことも要請しています。しかし考えてみれば、多くの災害や原発事故を別としても、先進諸国といわれているこの国で、悲しいことに年間約三万人もの人たちが自殺していること自体、異常な事態です。年間三万人ということは、大雑把にいえば毎日一〇〇人弱もの人たちが苦しみの中で自らいのちを絶っているのです。日本国憲法は「幸福追求権」（一三条）や「生存権」（二五条）をはじめとして多くの人権を保障することで、人が安心して幸福に生きられるような仕組みを作るよう国に要請しています。でも残念なことに、戦後政権をほぼ独占し続けてきた自民党は、この日本国憲法を嫌い、日本国憲法の精神とはそぐわない政策（教育も含めて）を数多く行ってきました。その負の結果が、多数の自殺であり原発事故なのです。

◆世界幸福度レポートについて

国連の「持続可能な開発ソリューション・ネットワーク（ＳＤＳＮ）」の支援を受けて行われた二〇一三年度の「世界幸福度レポート（World Happiness Report）」によれば、世界一五六カ国を調査した中で、デンマークを一位として上位は北欧が占め、日本は四三位でした。この順位をどう評価するかは人によるでしょうが、戦後、現行の日本国憲法を十全に実現するよう国の政治が行われていれば、もっともっと国民が幸せに感じられる国になれたと思います。それでこそ、日本に対する愛着も自然に生まれるというものです。国民の自然な愛情も敬意も生まれないような国策や震災対応を続けておきながら、公立学校などでは、日本国憲法の勉強や議論

『週刊金曜日』2013 年 7 月 9 日臨時増刊号
「憲法特別編集」34 頁より転載

もソコソコに、「日の丸」・「君が代」や「愛国心」を強制するというようなことは本末転倒もはなはだしい。残念なことに、そのような国には魔力はあるかもしれませんが魅力はありません。

けれども、ただ権力者たちを非難していればよいという傍観者的態度では無責任です。本当にすばらしい国にするためには、私たち主権者が自覚的に変わらなければなりません。そして、政治を変えていかなければなりません。日本国憲法は、戦争の大惨事の心からの反省に立って、私たち自身の真の平和と幸福を願っているのです。３・11という大惨事を体験してしまった私たちだからこそ、安易に保守的改憲を叫ぶ前に、私たちはもう一度、日本国憲法の精神と理念に立ち戻って考えるべきだろうと思います。

＊　　＊　　＊

本章では、憲法を論じるにあたって最低限知っておかなければならない前提知識について見てきました。この知識を踏まえて、第二章では、いよいよ日本国憲法前文の中身に入り、特に重要な「平和的生存権」について考えていきたいと思います。

第二章　日本国憲法前文を知っていますか

今さらながらの国民の常識ですが、日本国憲法は一九四六年一一月三日（現在の「文化の日」）に公布、一九四七年五月三日（現在の「憲法記念日」）に施行され、前文と本文一〇三条から成っています。
本章では、日本国憲法の「顔」—ということは、日本国の「顔」といっていいわけですが—である前文を、じっくり味わっていきましょう。

まずは、前文全体を声に出して読んでみましょう。

いかがでしょうか。思わず身がキリッと引き締まるような、格調高い文章ですね。『路傍の石』などで有名な作家の山本有三もかかわったそうです。戦後日本の出発にあたり、それ以前の歴史的重みとこれからの新時代とが、旧カナ遣いと新カナ遣いとを混合した表現で見事に融合されています。これからすばらしい国を創っていくんだ、という意気込みがよく伝わってくる文章です。この前文の重みのうえに、私たちの人生は存在しているのです。ありがたいことですね。

保守的改憲派の人からは、「前文なのに日本国の歴史も伝統も固有の価値観も書かれておらず、どこの国の憲法だか分からない」といったありがちな非難を受けますが、いったい何をもって日本の伝統や価値観というのでしょうか。一国の伝統や歴史は大切です。しかしながら、一口に伝統といっても様々です―たとえば、現代の日本では肩身の狭い同性愛（最近は寛容になってきていますが）も、キリスト教普及以前の日本では半ば公然と容認されていた時期も長くありましたし、夫婦別氏の時代も長かったのです―し、当然、価値観も個人によって様々です。長い日本の歴史において、特定の時期の慣行や思想を個人的な特定の思い入れで切り取って全国に強制しようなどというのは傲慢なだけです。また、私は演劇などの舞台芸術が好きなので、日本の歌舞伎や能も欧米のオペラやミュージカルも大好きなのですが、「日本のものだけが絶対的にすばらしい」などと傲慢に優劣をつけることなどできません。

このような傲慢さは、憲法以前に、保守派が誇るような、謙虚な美徳を持ち「和」を貴ぶ日本人の心にも合いませんし、まして、様々な価値観等を持った多様な個人の生を尊重しつつ平和的な共生（強制ではない！）を目指すために国家権力を適正にコントロールするという立憲主義とは相容れません。立憲主義を普遍的な価値として承認し、世界に開かれた寛容な国家を作ろうというのが日本国憲法前文なのです。

では、日本国憲法前文を四つの段落ごとに解説していきます。

1　日本国憲法前文第一段
――三大基本原理について

日本国民は、正当に選挙された国会における代表者を通じて行動し、われらとわれらの子孫のために、諸国民との協和による成果と、わが国全土にわたつて自由のもたらす恵沢を確保し、政府の行為によつて再び戦争の惨禍が起ることのないやうにすることを決意し、ここに主権が国民に存することを宣言し、この憲法を確定する。そもそも国政は、国民の厳粛な信託によるものであつて、その権威は国民に由来し、その権力は国民の代表者がこれを行使し、その福利は国民がこれを享受する。これは人類普遍の原理であり、この憲法は、かかる原理に基くものである。われらは、これに反する一切の憲法、法令及び詔勅を排除する。

第一段の第一文では、「日本国民は…ここに主権が国民に存することを宣言し、この憲法を確定する」と行為遂行的（パフォーマティヴ）な語りで、まず第一に、私たち主権者が国の主役であることが明言されています。「自分たちのことは自分たちで考えて決める」という当然の事柄が、私たちと子孫の幸福にとってとても大切なことだからです。その私たちが、過去の戦争の悲劇を心から反省して、世界の人々と心を合わせて仲良くして、日本が自由の恵みにうるおうこと（人権の保障）を確保し、政府の行為による戦争を二度と繰り返さないことを決意して、この日本国憲法を確定したのです。これにより、日本国憲法が、君主による欽定憲法ではなく、国民による民定憲法であることも示されています（時々、日本国憲法嫌いの人から、「日本国憲法はＧＨＱ（または、アメリカ）の押しつけで、日本の憲法ではない」といった主張がなされますが、この「押しつけ憲法論」については第三章で検討します）。

すでに、この第一文において、国民主権・平和主義・基本的人権尊重主義という日本国憲法の三大基本原理が相互に密接に関連したものとして宣言されています。ここでは、国民主権の形態として代表制（代議制）民主主義を採用することを表明していますが、たとえ国民主権に基づく民主的た決定事項であっても、基本的人権とその実現に不可欠な平和主義とを侵すようなものであってはならないことを要請している点が重要です。さらに論理的にいえば、基本的人権を実現する国民主権の十全な実現は平和を大前提としているのですから、平和主義が最も基底的で重要なものでしょう。ですから、後に述べますが、平和主義は前文第二段で特に平和的生存権という人権として確認されているのです。

第二文では、「国民主権」の内容が語られ、国の政治が主権者である国民の「信託」によるものだと述べられています。信託（trust）とは、簡単にいえば、相手を信用して一定の目的に従って財産などを管理・処分する権限を委託することです。ここでは、私たちが国を信用して、日本国憲法の目的に適合した政治を行うことを任せた、ということです。ですから、当然、国が私たちの信用を裏切るようなことがあってはならないのであり、国（公務員）には憲法尊重擁護義務があることになるわけです。こうした信託として国政を基礎づける思想は、社会契約論（特にジョン・ロックの思想）に根ざしています。また、「その権威は国民に由来し、その権力は国民の代表者がこれを行使し、その福利は国民がこれを享受する」というあたりは、アメリカ合衆国第一六代大統領アブラハム・リンカーンの「人民の人民による人民のための政治」という有名なゲティスバーグ演説の一節を彷彿とさせるものです。あくまで国というものは、私たち国民の幸福のためにあるのであって、政治も、一部の権力者や利権のためにではなく、全国民のために憲法に則って行わなければならないのです。ですから、国会議員は選挙区や支持団体の代表ではなく、「全国民を代表する」（四三条一項）ものでなければならないし、憲法尊重擁護義務（九九条）とあいまって、「すべて公務員は、全体の奉仕者であつて、一部の奉仕者ではない」（一五条二項）のです。このような統治システムを採用することで、平和主義に基礎づけられた基本的人権を確立できることが示されています。

第三文では、第二文で示された国民主権原理が「人類普遍の原理」であると述べています。繰り返しになりますが、ここでの国民主権とは、平和主義的な基本的人権尊重という実質的な内容を伴ったものであることに注意が必要です。「国民主権で決定されたことなら何でもＯＫ」ということではないのです。原則的には市民同士の自由なコミュニケーションによる市民社会の「思想の自由市場」に委ねて、その結果である大方の合意を国民意思と擬制して政治を行うわけですが、それはあくまで平和主義を前提とした基本的人権尊重主義を――つまり、日本国憲法を――侵さない枠内でなければなりません。このことは、意味内容上からだけでなく、文章の形式からしても、改行されずに一つの段落内で表現されていることから読み取れます。

ですから、続く第四文では、この原理に反する一切の法令等は無効とされると宣言しているのです（「詔勅」とは天皇の意思表示の公文書です）。注意すべきは、「憲法」もここに含まれている点であり、要するに、たとえ国民意思による憲法改正や新憲法の制定であったとしても、法的には内容上限界があるということです（「憲法改正限界説」といいます）。この重要性は重く受け止められるべきでしょう。

2 日本国憲法第二段 ―平和主義と平和的生存権について

日本国民は、恒久の平和を念願し、人間相互の関係を支配する崇高な理想を深く自覚するのであつて、平和を愛する諸国民の公正と信義に信頼して、われらの安全と生存を保持しようと決意した。われらは、平和を維持し、専制と隷従、圧迫と偏狭を地上から永遠に除去しようと努めてゐる国際社会において、名誉ある地位を占めたいと思ふ。われらは、全世界の国民が、ひとしく恐怖と欠乏から免かれ、平和のうちに生存する権利を有することを確認する。

第二段では、「平和主義」の内容が語られ、いわゆる「平和的生存権」が示されます。日本国憲法の最も重要な特色のひとつであり、憲法本文では主に九条に具体化されています。平和的生存権については、後で少し詳しく見ていきたいと思います。

第一文では、過去の戦争の反省に立った並々ならぬ決意が示されています。第一段第一文の「諸国民との協和」を具体的に実現するために、私たちは、平和的な人間の相互関係の意義をしっかりと自覚したうえで、「平和を愛する諸国民の公正と信義に信頼」するとしています。これは、他国依存的な受け身の消極的平和主義や、自分の国だけが安全ならそれでいいというような一国平和主義を述べたものではありません。常識的に考えても、消極的平和主義や一国平和主義では本当の平和主義の実現にはほど遠いですが、前文からしても、第二段第二文で、平和・自由・寛容などを追求し実現すべき「国際社会において、名誉ある地位を占めたいと思ふ」とし、さらに、前文第四段でも前文全体の内容について「日本国民は、国家の名誉にかけ、全力をあげてこの崇高な理想と目的を達成することを誓ふ」と宣言している以上、政治・経済・文化などの面において積極的に国際社会にはたらきかけていくことこそ、日本国憲法が求めていることなのです。第三文の平和的生存権の実現とあいまって、日本が、誇るべき日本国憲法を掲げて、平和のための文明間対話を進めるユネスコといった国際機関などの場を通じて、世界に対して国際平和を推進していくように要請しているのです。

なんて、すばらしいことでしょう！ここには、カネだけ出しておればよいとか、アメリカなどの強国に追従して軍事協力をしていくとかいったような弱腰の発想は認められません。本当の意味での「積極的平和主義」なのです。かつて無謀な戦争に挙国一致で総力戦で突入していったのとは正反対に、人類の希望の光である平和に向けて叡智を傾けて全力を尽くすのだ、という命がけの崇高な使命を自らのものとして語っているのです。

大哲学者イマヌエル・カントが名著『永遠平和のために』（一七九五年）で常備軍の撤廃を主張して

以来、徹底した無軍備平和主義を採用したのが日本国憲法なのです。とはいえ、こうした丸腰の平和主義といった理念は、「単なる理想にすぎない、夢物語にすぎない」といわれることがあります。たとえ理想であっても、その実現に向けて困難はあろうとも一歩一歩進んでいくのが賢明に思われます。むしろ、法というものは現実が達成すべきルールである以上、現実と法にギャップがあって当然です。「世の中には現実に差別やイジメがあるのだから、法の下の平等を保障する憲法一四条を現実に合わせて変えてしまえ」という理屈がおかしいのだとしたら、同様に、「国際社会の軍事的な現実に合わせて憲法の平和主義や九条を変えてしまえ」というのも、明らかにおかしな議論でしょう。法と現実は必ずしも一致するものではなく、法は現実を統制するものなのです。平和主義という理想は目指すべき理念であって、仏典が諭す「慈悲」や聖書が説く「隣人愛」といった教えと同様、他人に対する愛、コミュニケーションによる寛容と共生という人類の幸福のために、簡単に諦めたり捨て去ったりしてよいものとは思えません。

いずれにせよ、何事につけ「想定外の最悪の事態」とならないように、常日頃から平和主義の理念を実現するように国内に対しても国外に対してもしっかり政治を行いなさい、というのが日本国憲法の要請であり、また、そのことを私たちの権利として要求できるように規定したのが、次に述べる平和的生存権なのです。

◆平和的生存権について

第三文では、「平和のうちに生存する権利」として、いわゆる「平和的生存権」が明記されています。「われらは、全世界の国民が、ひとしく恐怖と欠乏から免かれ、平和のうちに生存する権利を有することを確認する」という宣言は、日本国民にとっても人類全体にとっても重要な意義を有するものといえましょう。この文章は、直接には、一九四一年大西洋憲章第六項の「ナチの暴虐を最終的に破壊した後で、…あらゆる国のあらゆる人々が恐怖と欠乏から免れてその生を全うしうるという保障を与える平和が確立されることを希望する」に由来するといわれますが、日本国憲法はそれを「権利」として明言した点に特色があります。つまり、平和を国策の問題として捉えるのではなく、人権の問題として位置づけたところに独創性があるのです。

ですから、自衛権や自衛隊の是非については日本国憲法に照らして様々な考え方がありますが（政府は「自衛のための最小限の実力」であれば九条二項の禁ずる「戦力」に該当せず合憲であるとしています）、少なくとも、「専守防衛」を超えた軍事的任務を遂行したり「国防軍」といった軍隊を持ったりすることは、国民の平和的生存権への潜在的脅威となりうるものであって許されません。といいますのも、軍隊があるということは、たとえ徴兵制を敷かなかったとしても、軍事に伴う法的な権利制限や義務の負担が増えたり、軍隊があることで外敵からの攻撃対象となり付近の民間人の生命や生活が犠牲になったりする危険性が高まるからです。この点、全国の七割以上の負担が集中的に沖縄に押しつけられている在日米軍基地にも同じ危険性があります。もちろん、軍人・兵士自身の平和的生存権もなきものに等しいものとなってしまいます。ただでさえ借金大国の日本なのに、軍事費も今以上に膨大なものとなるでしょう。

さらに、気をつけるべきことがあります。「日本が攻め込まれたら、軍隊なくしてどう守るんだ」

という分かりやすい主張がよくなされますが、いったんは立ち止まって冷静に考えてみる必要があるでしょう。というのも、当たり前ですが、軍隊は「国家」を守るべきものである以上、いざとなったら「国民」を守るとは限らないのです。最終的には、国家の要人——日本の場合は永田町の人々か天皇・皇族でしょうか？——を守ることが国を守ることなのであって、そのために足手まといなら、一般市民を切り捨てることは自然でしょう。現に、太平洋戦争末期の沖縄戦では多数の民間人が犠牲に追い込まれました。今回の３・11での被曝者への棄民政策を見ても、そうした国の体質は容易に窺えます。

また、軍隊を持つとなると、周辺諸国とは、ますます政治的・軍事的に緊張関係に立つことにもなるでしょう。一国の軍事は国内問題にとどまらず、世界に広く影響を及ぼす国際問題なのであり、まさに普遍的人権の問題なのです。「全世界の国民が、ひとしく恐怖と欠乏から免かれ、平和のうちに生存する権利」——この深い文章にある含蓄を、私たちはしっかりと考えてみるべきです。

ただし若干専門的な話になりますが、平和的生存権については、その具体的権利性をめぐって論争があります。憲法前文もまぎれもなく憲法の本体を構成しているのですから、平和的生存権も法的な性質（法規範性）を持っていることに争いはありません。けれども、前文は、著作物でいえば「はしがき」のようなものですので、憲法本文の各条項のように具体化されておらず、実際に裁判所で事件を解決する際に直接に適用できるような裁判規範性はない、としばしば言われています。この議論の詳細とその是非については専門書で勉強してみなさんでその妥当性について考えてほしいのですが、実際これまで裁判所は平和的生存権を具体的な権利として認めることに大変消極的でした。とはいえ、学説には平和的生存権の具体的権利性を主張する有力説もありましたし、最高裁判所ではありませんが若干の下級裁判所ではその権利性を認めていて、二〇〇八年には、自衛隊イラク派遣活動の一部を違憲とした名古屋高裁平成二〇年四月一七日判決が、初めて高等裁判所レベルで正面から平和的生存権の具体的権利性を肯定しました（確定）。

　ですから、平和的生存権固有の権利性を、平和主義という特色を有した日本国憲法の意義ゆえに認めることは可能ですし、そうすべきだと思います。前文第一段のところでお話したように、そもそも平和的生存権に裏打ちされた平和主義がなければ、基本的人権を実現する国民主権の十全な展開はないからです。しかし思うに、たとえ平和的生存権を独立した具体的権利だと認めることが困難だとしても、平和的生存権を憲法本文ではなく前文にわざわざ明記したことを重く受け止めるならば、いわば数学の分配法則のように、少なくとも、本文の各条項すべてに平和的生存権がかかっていると考えて日本国憲法全体を体系統一的に解釈すべきでしょう。そうなりますと、軍事目的など市民の平和的生存を脅かす目的で人権の制約を認めたり統治制度を設計したりすることは許されなくなりますし、市民の平和的生存に関しては、関連する条項を、国策よりも個人の権利救済に仕えるように積極的に解釈・適用すべきことになります。自由権に比べて権利性が弱いとされがちな生存権（二五条）などの社会権の強化にもつながります。また、日本国憲法の下でさえ拡大し続けている軍事的要素にタガをはめるためにも必要で有効な考え方でしょう。

　ちなみに、自民党改憲案では平和的生存権は完全に抹消されています。「抹殺」といったほうが適切かもしれません。理由は簡単です。自民党は年来、とにかく天皇を元首として強化したい、軍隊を持ちたい、国民の個人権を縮減したい（これら三つは相互に分かちがたく結びついています）、という保守的改憲を党是としてきたからです。自民党にとって最大の目の上のコブは、日本国憲法の平和的生存権と九条だった、といっても過言ではないでしょう。当然のことながら、自民党改憲案には、国防軍の設置と、それに伴う国民の負担が明記されています。加えて、「徴兵制の禁止」規定がありません。現在の自民党改憲派は「徴兵制を行うことはありません」といっていますが、政治家が公約を破ることは日常茶飯事です。その点に目をつぶったとしても、当然のことながら、自民党改憲案が成立してしまったら、その後の解釈・運用はその時々の時代の与党が行うわけですから、憲法制定者の意思どおりになるのかどうか保証はありません。そもそも徴兵制禁止規定を絶対に入れようとしない時点で、この自民党改憲案のうさん臭さに注意すべきです。

◆平和的生存権の射程について

さて、以上のように平和的生存権を考えますと、平和的生存権の意義と可能性はさらに広がります。「全世界の国民が、ひとしく恐怖と欠乏から免かれ、平和のうちに生存する権利」ということであれば、平和的生存権はなにも軍事面だけにかかわるものではないはずです。戦争やテロといった非常時以外の平時においてこそ、日々、平和に私たちが自分の生を送ることができることを保障しているはずです。「原発震災」（石橋克彦「まさに『原発震災』だ」『世界』八一七号［二〇一一年五月号］）を体験してしまった私たちからすれば、「核の平和利用」という装いで営まれている原子力エネルギーなどの人類への潜在的脅威となる諸問題についても、平和的生存権の観点から考えていかなければならないことを日本国憲法は命じているはずです。「平和のための原子力（Atoms for Peace）」などと称していまが、平和目的であろうと軍事目的であろうと、原発も原爆も英語でいえば同じ"nuclear"なのです。これらは爆発すれば、あまりにも大きな脅威と大きな危険を一方的に広範囲の人々に──しかも国策の犠牲者として──及ぼすものであって、個人が自律的に受けるレントゲン撮影などの場合とは同列に論じられないものですし、同列に論じてはならないものです。たとえ爆発していなくとも、世の中に「絶対安全」などということはないのですから、つねに私たちの平和的生存権を脅かし続ける存在ですし、なにより普段から作業している現場のウラン発掘作業者や原発施設労働者の被曝問題は忘れられてはなりません。使用済み核燃料の処理を請け負う青森県のリスクなどもあります。

　このように、平時であれ、多くの犠牲のうえに原発事業は成り立っているのです。その原発が、国土も狭く地震活動の多い日本に五〇基以上も存在しているということ自体、異常事態・非常事態だといえましょう。平和的生存権の観点から解釈された憲法上の諸権利によって、3・11の被曝者の生命権（一三条後段）・生存権（二五条一項）を中核とした補償・賠償だけでなく、避難または帰還する権利を含む「被曝を避ける権利」（河﨑健一郎ほか『避難する権利、それぞれの選択』〔岩波ブックレット、二〇一二年〕を参照）や「居住する権利」（家正治編集代表『「居住の権利」とくらし』〔藤原書店、二〇一二年〕を参照）などの保障を確実に行っていかなければなりません。とりわけ、全村避難を余儀なくされ、家族もバラバラになってしまったような地域の復興・再生は地方自治の観点からも重要でしょう（たとえば、千葉悦子ほか『飯舘村は負けない』〔岩波新書、二〇一二年〕などを参照）。

　こうした文脈において、従来の原子力損害賠償法や被災者生活再建支援法などに加えて、3・11原発事故に関して二〇一二年六月二七日に公布された超党派の議員立法（イニシアティブをとったのは弁護士やＮＧＯ等でしたが）である、いわゆる「子ども・被災者生活支援法」は、日本国憲法と被災者の要請を受け止めた意義ある法律ですが、その後に決定された基本方針には問題が多く、具体的な措置の実施も不十分です。日本国憲法に照らして本法の可能性を追求すべきです（福田健治ほか「『被曝を避ける権利』の確立を」『世界』八三八号［二〇一三年一月号］）。

　もっとも、一層恐ろしいことは別の点にあります。というのも、原子力は核兵器と切り離せないからです。原発というものは、中曾根康弘元首相（自民党）と正力松太郎元読売新聞社社主が率先して日本に導入して以来、戦後ほぼ一貫して政権を握ってきた自民党によって、ずっと利権絡みで積極的に推進されてきました。大戦中は海軍に所属していた中曾根元首相は、現在まで続く閣僚の靖国神社参拝に対する内外の批判の端緒となった人物でもありますが、自主憲法制定運動の積極的な牽引役でありました。彼が一九五六年に作詞した『憲法改正の歌』の四番には「原子時代におくれざる　国の理想を刻まばや」（！）という、今からすればビックリ仰天の歌詞が出てきます。原発国策の理想が単刀直入に表明されているわけですが、こうした原発の積極的推進には、単に次世代のエネルギー確保という名目のためだけではなく、実は、日本国憲法下でもいつでも必要な時に「核兵器」を製造することができるように濃縮ウラン技術等を維持するという真の目的があるといわれます。

　現在の安倍晋三首相の外祖父の岸信介元首相が核兵器保持の可能性を容認して以来、日本政府によれば、日本国憲法の下でも、純粋に国土を守るためのみに用いられる核兵器は持つことができるとされています。しかし唯一の被爆国として、一九六七年に佐藤栄作内閣が宣言し、一九七八年に国会決議で国是としたのが「非核三原則」でした。要するに、単に政策レベルで核兵器を禁止しているにすぎないのですが、核兵器を持たない代わりに原発を持っておこう、ということらしいのです。

石破茂衆議院議員（現自民党幹事長）は、3・11後のインタビューで、「私は核兵器を持つべきだとは思っていません」と断ったうえで、こう明言しています。

原発を維持するということは、核兵器を作ろうと思えば一定期間のうちに作れるという「核の潜在的抑止力」になっていると思っています。逆にいえば、原発をなくすということはその潜在的抑止力をも放棄することになる、という点を問いたい。

（石破茂「論客直撃『核の潜在的抑止力』を維持するために私は原発をやめるべきとは思いません」『SAPIO』二〇一一年一〇月五日号八五頁）。

人類史上唯一の戦争での被爆国であるにもかかわらず、情けないというか悲しくなってきます。ヒロシマ・ナガサキの犠牲者たち、そしてフクシマの被曝者や子孫たちに申し訳ない。世界には憲法レベルでnuclearを禁止している国もありますが、日本国憲法においてもその平和主義と平和的生存権を真剣に受け止めれば、どんな形であれ核兵器は憲法レベルで禁止されていると考えるべきでしょう。二〇一二年に亡くなった中沢啓治氏が、ヒロシマで被爆した自らの体験をもとに描いたマンガ『はだしのゲン』は今でも多くの人に読み継がれている重要な作品ですが、ここに描かれたまさに地獄絵図を直視して反省し平和へと進んでいく勇気と決意をしっかりと持たなければなりません。けれども日本国憲法嫌いの自民党は、アメリカ合衆国などからの外圧もあって、そう考えてはこなかったわけです。核兵器ですら合憲なのですから、原発国策は当然に合憲だということです。残念ながら、nuclear の人々に対する潜在的脅威よりも、国益のための潜在的抑止力のほうを重視しているようです。自民党改憲案から平和的生存権が抹消されているのは、こういう経緯があることも見抜かなければなりません。

しかし、本当にそれでよいのでしょうか。個人のいのちや人権よりも国を優先する…、かつての時代への逆戻りなのでしょうか。国がなくとも人間は存在するが人間がいなければ国は存立できない、という当たり前のことを忘れてはいけません。第一、nuclear を持っているからといって、国を守れるとも限りません。在日米軍基地と同様、むしろ外敵からは格好の攻撃対象でしょう。事故はもとより、万一、原発が攻撃されたとしたら、結局、国内にある自前の nuclear で自滅するという愚にもつかない最悪の事態となってしまいます。さらに、日本が nuclear を推進すればするほど、他国の核拡散競争も助長されて、人類はますます地獄の世界へと進軍していくことになるでしょう。

だからこそ、日本国憲法は、平和的生存権規定によって、自国の生存ではなく「全世界の国民」の生存権を重視したのです。早くから放射線の危険性は指摘されていたのですから、すべて利権のためにそうした指摘を封印し安全神話で固めて国民を洗脳し、とりわけ都市部とは違って貧しい地方にカネの力で危険物を押しつける国策といったものは、平和的生存権の観点からみれば、原発について偏った情報や知識を強制したという点で表現の自由（二一条一項）や教育権（二六条一項）の問題として、さらに原発事故の際には職業も住まいも故郷も失い、避難暮らしで「健康で文化的な最低限度の生活」

もロクに営めない状況に陥っているという点で職業選択・営業の自由や居住権（二二条一項）や生存権（二五条一項）の問題として、そしてなにより内部被曝による生命の危機という点で生命権（一三条後段）の問題等々として、もともと日本国憲法とは相容れない政策だったはずです。都市部による地方の搾取という大きな問題もあります。高橋哲哉氏が鋭く指摘しているように、こうした「犠牲のシステム」の構造は沖縄に押しつけられた米軍基地も本質的に同じです（高橋哲哉『犠牲のシステム　福島・沖縄』［集英社新書、二〇一二年］）。

特に今回の福島原発事故では、『国会事故調報告書』などで再三指摘されているように、事故以前についてもコストのことしか考えずあまりにずさんで手抜きとしか思えないような管理・運営がなされてきたうえに、事故後の対応も住民のいのちのことよりも、とにかく東電の保身と事を荒立てたくない政府（当時は民主党政権）による恐るべき人権否定の棄民政策ばかりでした。当時は野党に転落していた自民党も、党利党略がらみで民主党政権の足を引っ張るばかりでした。緊急時迅速放射能影響予測ネットワークシステムＳＰＥＥＤＩが予測したデータを活用もせず警告すら発せず、子どもを含む多くの人に深刻な被曝をさせたり、法定年間被曝許容限度の１ｍＳｖを緊急時対応と称して20ｍＳｖに引き上げたり、福島市や郡山市などの中通りと呼ばれる地域も放射線量が高いのに避難地域としなかったり、国際原子力事象評価尺度で「レベル７」という最悪の事態を宣言しておきながら中通りでは早々に学校の授業を再開させたり…と、数え上げればキリがありません。こうした暴挙を、「この程度の放射線量ならただちに健康に被害を与えるものではない」という魔法の言葉（呪いの呪文？）で、政府も東電も押し通してきたのです。地域レベルでも、高い放射線量を住民に知らせず、安心キャンペーンばかりを行いすぐには避難させなかったところもあるようです。

その後、原発推進・保守的改憲の張本人である自民党が政権の座に戻りましたが、3・11から二年半ほど経った時点でも、次々と東電のずさんな事故対応の悪い結果が続き、放射能汚染水漏れはＩＮＥＳ「レベル3」の事態となってしまいました。全国に報道されるモニタリングポストの放射線量も、その近辺だけを慎重に除染した後の数値であって信用できるものなのかどうかも不明です。そして、いまだに故郷から追われ、職も生活もままならない人たちが大勢いらっしゃいます。風評被害も収まらず、フクシマの産業も文化も崩壊しかかっています。戦争と同じく、国策による地方の壊滅作戦だといっても過言ではありません。そのような中で、原発国策の責任もとらず、

福島第一原発１号機の爆発の瞬間（2011.3.12）

原発自体の真剣な見直しもなされないままに、原発再稼働に国防軍設置に保守的改憲にと突き進もうとする安倍政権には呆れ果てます。原発訴訟においても、従来の裁判官に原発業界とのつながりがあって、人権保障の観点からのまともな判決が下されない状況にあるとさえいわれており（「原発と司法」『週刊金曜日』二〇一一年一〇月七日八六六号一四頁以下）、まさに八方ふさがりの感じもありますが、この点で、一九九二年に、原発の設置許可取消しを求めた初の訴訟である伊方原発訴訟最高裁平成四年一〇月二九日判決が、結論的には住民側敗訴とはいえ、原発設置の安全審査を「災害が万が一にも起こらないようにするため」に行うものとし、「現在の科学技術水準に照らして」裁判所が行政庁の判断を審査するものとし、立証責任を国に転嫁したこと

福島第一原発３号機の爆発の瞬間（2011.3.14）

などを、今後の私たちがどう解釈して活かしていくべきかが問われることになるでしょう（海渡雄一『原発訴訟』〔岩波新書、二〇一一年〕を参照）。その際の導きとなる理念も、やはり日本国憲法の平和的生存権なのです。

◆脱原発について

よくちまたで、「原発がないと電力が足りなくなる」とか「電気代がハネ上がる」といった分かりやすい主張がなされます。それについては専門的見地からする有力な否定論もかなりあるようです。でも私のような素人目からみても、一方でさんざん「オール電化」とやらを推進して消費電力量アップを煽ってきたのはそれで儲かる当の電力業界だったわけで、そのクセに「原発がなければ電気が足りなくなる」とか述べていること自体おかしな話で、虫の良すぎる話のように思います。これほどの大惨事を起こしておきながら、「原発を再稼働しないと料金を上げる」と脅迫するような無責任会社は企業倫理の点でもどうかしているでしょう。「原発がないと経済が回らなくなる」といった主張も、所詮は単なる経済界のエゴなのではないでしょうか。万一、本当に、電力が足りなくなったとしても、その枠内で経済をうまく回していくことこそスジなのではないでしょうか。それならば、むしろガリガリ経済亡者ではなく、原発なしで他の発電方法でまなかえるだけの経済水準での生活を営むのが風土にも合っているのではないでしょうか。

保守派の人は、日本人は謙虚さやつつましさを尊び「和」を大切にすることを美徳とすると誇る一方で、経済発展第一を志向して人間の手に余る原発を擁護することが多いのですが、私には矛盾しているように思います。経済利益のためだけに、原発立地地域を中心とした一部の市民のいのちや生活を犠牲にしてもよい、などという理屈がまかり通るような国では、イジメも差別もなくなるはずがありません。武士道精神にももとるものでしょう。こうした心性からなのか、多くの方々から被災地・被曝地への応援・支援がある一方で、残念ながら、一部では、フクシマからの避難民に対していわれのない誹謗中傷が行われてきたのも事実です。

もっとも、「原発がなくなると失業者が増える」という主張は、そのとおりでしょう。原発立地地域には原発に関連する仕事に就いている人が多いのが通常です。ならば、勤労者の権利（二七条一項）や生存権（二五条一項）を保障するために、国は積極的に雇用政策や雇用斡旋の任務も引き受けなければなりませんし、それ以前に、電力会社が原発労働者の今後をきちんと手当すべきです。同様の問題は、３・11震災後の復興作業に従事する労働者の作業完了後の雇用や生活の保障にもかかわってきます。

他方、脱原発といったことを主張すると、「貧しい地方にとっては、電源三法（発電用施設周辺地域整備法・電源開発促進税法・電源開発促進対策特別会計法）に基づく交付金や、原子力事業からの税収、原子力関連産業の発展は生命線であって廃炉などできない」といった地元からの反発もあります。開沼博氏の一連の著作（【主要参照文献】参照）が福島原発について明らかにしているように、原発立地地域は中央の原発ムラとの密接なかかわりで、「原発ありき」で自分の生活を形成している人も多いのが現状です。現実の生活を前にして、原発が究極的には生存を脅かし自然を破壊しうること自体を思考・想像できなくなってしまっている状況にあることもたしかです。その中で「反原発」を主張することは困難ですし、様々な圧迫や脅迫もあるでしょう。しかしそうした状況も、元を正せば、中央の原発ムラからの一方的な「絶対安全神話」とカネの力に、弱い地方が搾取されてしまった差別構造そのものに由来しているのです。その意味で、原発立地地域の人たちの多くは「原発安全神話」に騙されて、あるいは一方的な見解だけを洗脳され続けて、麻薬中毒のような原発依存症の中で自己の生と人権の保障について「減思力」状態に陥っていたといえるのではないでしょうか（「減思力」とは、福島大学放射線副読本研究会監修『みんなで学ぶ放射線副読本』［合同出版、二〇一三年］に出てくる言葉。この本では、たとえば、日本の政府が主催する子ども向けコンクールが子どもを原子力肯定に誘導していることや、ドイツの政府が作成した子ども用原子力教材が賛成派と反対派双方の意見を公平に掲載していることなど、興味深い事例の紹介・分析がされています）。

いわば、「経済の自由市場」の前に「思想の自由市場」が歪められ、自分たちの自己決定権や幸福追求権（一三条）を適正に判断して行使する状況を奪われていたといっても、いいかもしれません。自分や自分の子どもたちに地獄が待っているかもしれない、結局は人命の危機を含めて地元に大損害をもたらしうるのだ、という情報も知っていれば、安直に原発にＯＫを出すこともできなかったはずだと思います。しかも、３・11対応を見れば分かるように、原発事故後は放射線量が高く作業のための人が近づけないというコントロール不能の理不尽極まりない状態に陥るだけでなく、事故収束と地域再生に向けては莫大な国費を長年にわたり投入するハメになってしまいます。

ともかく、科学性を装った非科学的な「原発安全神話」は３・11で決定的に崩壊したのです。ひとたび原発事故が起これば広範囲に深刻な被害を生むだけでなく、核廃棄物はもとより放射能汚染水や放射能汚染土などの保管や処理をどうするのかという大問題も残り続けます。第一、いったん放射性物質が拡散したら、たとえば、放射性セシウム137の半減期は約三〇年ですし、プルトニウム239の半減期は約二万四〇〇〇年もあります。しかもこれは半減期であって、放射性物質自体がなくなるわけではありません。私たちの世代だけでなく未来の幾世代にもわたって大量の毒を垂れ流し続けて、なにが「経済復興第一」なのでしょうか。もはやこれは人類に対する犯罪です。そして、この法的・政治的・道徳的責任は第一に電力会社と国にあることは言うまでもありませんが、道徳的責任は、原発を支持した経済人や知識人などだけでなく、原発問題を見て見ぬフリをしてきた――いや、「臭いものにフタ」といったほうが適切でしょうか――多くの私たち一般市民にもあるはずです。だから私たちは、法学をはじめ諸学問を学び思考し反省しなければなりません。

前に述べましたが、法テキスト解釈学としての法律論と個人的な感情論や価値観を混同してはなりません。ですから、法の支配・法治主義の国である以上、死刑や軍や原発などが必要か不要かという一般論（感情論?）と、それらが憲法を最高法規とする法体系においてテキスト解釈学的にみて合法（合憲）か違法（違憲）かという法律論とは区別して論じなければなりません。低線量被曝による人体への影響については不明ですが、長期の低線量被曝による人体への影響のデータがない現状にあっては、国力強化（という名の特定利益集団との利権優先）という国策の実験台として、特定地域の住民を低線量被曝の影響を調べるためにモルモット同様に扱い、二級（以下の）市民に貶める国家の行為が、日本国憲法の個人の尊重（一三条）や平等（一四条）などに抵触し違憲だといえます。被曝被害以前に、人間の尊厳を有した個人の人格を目的として尊重するのではなく――偉大な哲学者カントが道徳にも反することとして禁止したはずの—単なる手段・道具として、国家がぞんざいに扱っていること自体に、すでに人権侵害が生じているのです。また、国（中央）と地方との不公平な搾取関係という点で地方自治の問題もかかわってくるでしょう。

　まして、平和的生存権を掲げる日本国憲法は、原爆にせよ原発にせよ、nuclear という潜在的脅威を人権の観点から禁止していると考えるのが妥当であり、ヒロシマ・ナガサキ・フクシマ等を体験してしまった今こそ、真の国際平和のために積極的に奮闘し、廃絶に向けて nuclear の現実を縮減させていくことが政治の責務です。中里見博氏は憲法二五条に基づく社会的生存権、憲法前文に基づく平和的生存権に次いで、「原発に対抗する新たな生存権」を考えるべきことを主張していますが（中里見博「原発と憲法―第三の生存権へ」『憲法問題』二四号〔二〇一三年〕）、日本国憲法の平和的生存権はもともとこのような要請を含んでいるものといえましょう。

　ところで、東日本大震災の救援活動では、自衛隊をはじめとする各方面の方々の苦労と活躍に、心から感動しました。人命を奪う軍事面ではなく、人命を救う災害派遣等の平和活動としての側面に自衛隊の意義があることがリアルに示されたわけです。「専守防衛」の自衛隊のはずがいつの間にか海外派兵までするようになり、果てはアメリカ合衆国追従の集団的自衛権の行使まで云々される現在、自衛隊員自身の人権の問題もますます重要になってきていますが、近年では、海外派兵に反対して、「自衛隊を愛するがゆえに憲法九条を守る」と主張する旧防衛庁（第一次安倍内閣の下、二〇〇七年に防衛省に昇格）の元幹部たちさえいます（小池清彦ほか『我、自衛隊を愛す　故に、憲法9条を守る』〔かもがわ出版、二〇〇七年〕）。また、日本国憲法を前提としたうえでの軍事戦略の可能性を模索する論者もいます（松竹伸幸『憲法九条の軍事戦略』〔平凡社新書、二〇一三年〕など）。

いずれにせよ、日本国憲法の平和主義と平和的生存権のポテンシャルはまだまだ未知数であり、これからの人類の未来に向けて、その価値はますます高まるばかりでしょう。核兵器はもちろん、高度に潜在的兵器である原発も日本国憲法とは相容れませんし、かりに自衛隊を合憲とする立場を採った場合でも、平和主義と憲法九条によって歯止めがかかっているからこそ、これまで暴走が食い止められてきた意味も重く受け止められなければなりません。九条改悪に反対して全国各地に組織されている民間の「九条の会」（http://www.9-jo.jp）の取り組みにならいつつ、私たちも主体的な市民として日本国憲法を学び議論していくべきです。

3　日本国憲法前文第三段

——国際協調主義について

> われらは、いづれの国家も、自国のことのみに専念して他国を無視してはならないのであつて、政治道徳の法則は、普遍的なものであり、この法則に従ふことは、自国の主権を維持し、他国と対等関係に立たうとする各国の責務であると信ずる。

第三段では、「国際協調主義」が語られます。憲法本文では主に九八条二項に具体化されています。ここでは、国の対外的な独立性という意味での国家主権を維持することとともに、一国の独善的な国家主義を戒め、他国との対等な関係性の中で協調しあうために、普遍的な政治道徳の法則に則った国家活動を行うことを述べています。このことは、先の第二段の平和主義と平和的生存権から導かれる考え方であり、特に、「人間相互の関係を支配する崇高な理想」を重んじるという他者に配慮した個人主義から、国のレベルでも他国との平和的な調和を当然に保とうとするものです。「普遍法則としての政治道徳」というのは難しいですが、これまでお話してきた日本国憲法の普遍的価値に照らして平和的な討議・熟議によって政治を行っていくことを指していると理解できます。すべての国々がこうした価値を尊重していけば、必ず世界は平和で幸福になるはずでしょう。そのためのイニシアティブを取ることも、かつて無謀な戦争を起こして敗北した日本の責任であり使命です。

ですから、国連を中心とした平和的な取り組みへ積極的に参加すべきです。「積極的平和主義」とは日本国憲法の平和主義と平和的生存権を世界に普及させていくことであって、「武器輸出三原則」（一九六七年の佐藤栄作元首相による政府答弁に始まる運用基準）などを背景として、世界の軍縮や核不拡散など日本が率先して行うべき事柄のはずです。実際、日本は国連レベルで「軍備登録制度」や「核廃絶決議」などの武器の統制システム構築にリーダーシップを取ってきたのです。自衛隊の発足ももともとはアメリカ合衆国による要請に始まっていますが、アメリカ合衆国一国の世界覇権の軍事戦略の奴隷となっている場合ではありません。放射性物質や放射能汚染水を国外に垂れ流したり原発を輸出したりするなど、国際協調主義からすればもってのほかでしょう。実力や暴力や武力ではなく個々人の「思想の刀」に賭けている日本国憲法は、二一世紀にこそ人類にとって世界大に活用されるべきものであって、簡単に捨て去られてはなりません。

4　日本国憲法前文第四段　―日本国憲法実現の誓いについて

日本国民は、国家の名誉にかけ、全力をあげてこの崇高な理想と目的を達成することを誓ふ。

もはや説明は要りませんね。私たちの先輩たちは、およそ七〇年前の敗戦の焼野原、食べる物も着る物も住む家も失った状況から、日本国憲法の理想を実現することを誓い、新たな平和的な文化国家の建設を目指して立ち上がったのです。私たちも、今こそ日本国憲法を噛みしめて、３・11という受難から立ち上がらなければなりません。そして、国の責任を追及し、国策の失敗を徹底的に究明・反省して、再び過ちを繰り返さないようにしなければなりません。「泣き寝入り」するのではなく、主権者として、日本国憲法を武器・防具にして、国家権力に対して声を上げていかなければなりません。３・11等で犠牲となった方々のためにも、すべての市民が日本国憲法をより強く生かし、自分の生をより善く生かしていくべきです。せっかくの日本国憲法が「絵に描いた餅」にならないように、私た

（著者撮影）福島大学の放射線量表示計

ち自身の勉強と努力が必要不可欠です。

真理の探究を使命とする大学においても、憲法二三条の「学問の自由」と「大学の自治」の下、盲目的な国策奴隷となることなく、構成員の安全確保を第一に大学の運営を行うとともに（いのちのために学芸はあるのであって、その逆ではないのですから）、学芸の自律性を大切にしつつ学芸に従事する者の倫理的責任も批判的に検証しながら、人文・社会科学と自然科学との対話による真の「文理融合」も果たしていかなければならないでしょう。

一九四六年第一次吉田茂内閣の下で憲法担当の国務大臣となった金森徳次郎は、日本国憲法公布の時のことを、後年こう回想しています。

> …昔「新憲法」の名のもとに新しい日本の秩序が出来あがったとき、誰も彼もが憲法に深い関心をもった。議会では…まずは全員一致の賛成に近いものであった。津々浦々で喜びの声をあげた。
> 家を焼かれて世田谷に住んで居たときのことだが、破れ硝子の表戸をがらりと開き、朝早く見知らぬご老人が入口に立たれる。出て見ると初めから興奮された涙声で、この憲法の出来た喜びを述べビール一本、するめ一枚を差出し、ただ引揚者の一人であると述べただけで、名をも名乗らずサッとばかりに帰られた。私は生れてから初めての興奮をした。時節柄一枚のするめも容易に手に入ら

ぬときのことだ。一本のビールを一家八人で分ち飲んだ。これはまさに昭和二十一年十一月三日憲法公布の日のことである。

（金森徳次郎「憲法うらおもて」〔一九六二年〕〔鈴木正編・解説〕『憲法を愛していますか』〔農山漁村文化協会、一九九七年〕一四四―一四五頁）

金森は、「十分間憲法了解法」という、日本国憲法を市民の心身に根づかせるためのユニークなイメージ・トレーニングを提唱したりもした人ですが（金森徳次郎「憲法随想」〔一九四七年〕前掲書五七頁以下）、彼がいうように、日本の旧体制から日本国憲法への大きな転換は、「権威や権力からの押しつけではなく、自分のことは自分でしっかり考えて責任を持って行動する」という個人の主体的な自由を大前提に置いたことにあります。現在からすれば、この当たり前の前提が、人類数千年にわたる自由と正義をめぐる血と汗と涙の闘いの結果、日本ではようやく約七〇年前に獲得されたのです。この宝物を、引用した金森のエピソードに登場した老人と同じく、多くの国民が喜び歓迎したのです。そのうえで、私たちの生が日々営まれてきたのです。日本国憲法という世界からの大切な贈物を、今度は、このフクシマ・日本から世界への贈物として届けていくべきでしょう。

◆公正な世界秩序のための基本一〇原則と北京コンセンサスについて

朗報があります。一九九九年五月に非政府組織（ＮＧＯ）の呼びかけによりオランダのハーグで開催されたハーグ世界平和市民会議では、「公正な世界秩序のための基本一〇原則」が宣言されたのですが、「各国の議会は、日本国憲法第九条にならい、自国の政府に戦争を禁止する決議を採択すべきである」という原則が第一項に盛り込まれたのです（ちなみに、第六項では「核兵器の廃絶」が、第九項では「平和教育の推進」が訴えられています）。

また、今年、尖閣諸島問題などで緊張状態にある中国との間で政府外交も冷め切っている中、一〇月二六日から日本の「言論ＮＰＯ」の民間外交によって「第九回東京―北京フォーラム」が開催され、二七日には日中共同による歴史的な「北京コンセンサス」が採択されて「不戦の誓い」が宣言されました。軍事力ではなく「思想の力」による対話型平和主義の実践です。

こうした日本国憲法の精神・理念の世界輸出がようやく始まりかけた矢先に原発などを第三国に輸出したり、近隣国との対立を深めかねない行動に出たり、ましてやこの期に及んで保守的改憲を進めたりしている場合ではありません。国策による nuclear の脅威にさらされている私たちだからこそ、日本国憲法の前文に謳われる理念―とりわけ平和的生存権―を重視し、「思想の自由市場」の拡大と充実による民主的なコミュニケーションを通じて、nuclear ではなく new-clear な国家を構想していくべきです。

＊　＊　＊

本章では、日本国憲法前文の概要について、特に３・11との関連で平和的生存権に重点を置きながらお話してきました。前文を見ただけでも日本国憲法にはまだまだ汲み尽くされていないポテンシャルがあることがお分かりいただけたろうと思います。３・11後の権利救済や復興支援を行うためにも、また、それ以前に３・11のような悲劇を起こさないように政治を行うためにも、日本国憲法は重要な

（著者撮影）
被災から約二年半経った福島県双葉郡浪江町立請戸小学校

意義を持っているのです。次の第三章では、安倍政権と自民党が推し進めようとしている保守的改憲を考えるために、平和的生存権を掲げる日本国憲法成立の経緯について簡単に振り返っておきたいと思います。

第三章　日本国憲法の誕生を知っていますか

時々、日本国憲法が嫌いな人（特に右翼や保守派）から、「日本国憲法はＧＨＱ（または、アメリカ）の押しつけで、日本の憲法ではないからダメだ」という敗戦の屈辱感情に発していると思われる「押しつけ憲法論」が主張されます。自主憲法制定を党是とする自民党にも、この考え方をする人が多いようです。憲法の内容を理由とするのではなく、「押しつけられたから改憲だ」などという主張は、日本国憲法制定六七年の歴史と伝統をあまりに無視した思慮のないものだと思いますが、震災復興や原発事故対応も不十分な中であるにもかかわらず、安倍首相率いる自民党を中心に保守的改憲の動きが本格化しつつある現在、押しつけ憲法論について再考しておくことは必要でしょう。詳細は専門の文献に譲りますが、本書では、（1）日本国憲法は本当に押しつけられたのか?、（2）かりに押しつけられたとして、何が問題なのか?の二つについて、簡単に見ておきます。

1　日本国憲法は本当に「押しつけ」られたのか？

大日本帝国が国粋主義と帝国主義の中で無謀な戦争へと突き進み、国の内外で多くの犠牲者を出した挙句、最後はヒロシマ・ナガサキの原爆の悲劇をもって敗戦し、ポツダム宣言を受諾しました。その後は、マッカーサー率いるＧＨＱ（連合国総司令部）の占領下で、時の幣原喜重郎首相は、松本烝治国務大臣を委員長とする「憲法問題調査委員会」（松本委員会）を設置し、改正案を作成させました。ところが、その改正案は明治憲法とほとんど変わらない保守的な内容だったため、業を煮やしたＧＨＱは九日間で草案を作成し日本政府とやり取りした後、日本政府はＧＨＱ草案をもとにした内閣草案を公表しました。こうして、内閣草案は、女性の選挙権を初めて認めた普通選挙制により行われた総選挙（女性議員も三九名誕生しました）後の吉田茂内閣の下で、当時の帝国議会でいくつか加筆修正のうえ圧倒的多数で可決され一九四六年日本国憲法が誕生しました。

以上は周知の事実ですが（井上ひさし『二つの憲法―大日本帝国憲法と日本国憲法』〔岩波ブックレット、二〇一一年〕は、日本国憲法の制定をめぐる諸事情を分かりやすく解説しています）、ポツダム宣言を受諾し、いくらＧＨＱの統制下にあったとしても、帝国議会で加筆修正されて可決・成立したのは客観的事実である以上、単純に一方的な「押しつけ」だったとはいえなそうです。たとえば、憲法二五条一項の生存権条項を追加したのも、国会を二院制（両院制）にしたのも、日本人なのです。また、当時の国民の支持も得たことは、たとえば、第二章の終わりに引用した、金森徳次郎国務大臣の「憲法うらおもて」に語られたエピソードにも、よく表れています。

実際、憲法改正作業時の首相で日本国憲法制定時には国務大臣であった幣原喜重郎も、こう述懐しています。

…こんどの新憲法というものは、日本人の意思に反して、総司令部の方から迫られたんじゃありませんかと聞かれるのだが、それは私の関する限りそうじゃない。決して誰からも強いられたんじゃないのである。

（幣原喜重郎『外交五十年』〔読売新聞社、一九五一年〕二一三頁）

とはいえ、これだけでは根拠として不十分だと突きかかってくる人がいるでしょうから、憲法の実質的な内容面を吟味してみましょう。まず、日本国憲法は当時の各国の憲法を参照して、これからの新日本の建設にとって良いものを集めてきました。当時の立憲主義水準の「いいとこ取り」をしたわけで、むしろありがたい話です。社会権規定などはアメリカ合衆国憲法には現在も存在しません。社会権規定は一九一九年制定のドイツのワイマール憲法に由来していますが、特に3・11の被害者である私たちにとっては重要な生存権（二五条一項）は、帝国議会で森戸辰男衆議院議員の発案により加筆されたものです。

◆福島の誇り：鈴木安蔵について

今、森戸辰男の名前を出しましたが、彼が所属していた民間の「憲法研究会」こそ、日本国憲法の成立を語るうえで外せないものです。というのも、意外と知られていないのですが、「憲法研究会」による民間憲法案である「憲法草案要綱」が、GHQ草案の多くの条文に取り込まれているのです。敗戦後、新しい憲法を構想する民間のサークルがいくつかでき、それぞれ研究成果として、民間の憲法案を提示していました。憲法研究会はそうしたサークルのひとつで、森戸のほか、岩淵辰雄、杉森孝次郎、鈴木安蔵、高野岩三郎、馬場恒吾、室伏高信ら当時の一流の知識人を主力メンバーとしていました。中でも私たちにとって特筆すべきは、メンバー中唯一の憲法研究者であり、福島県相馬郡小高町（現・南相馬市小高区）出身の鈴木安蔵です。

鈴木安蔵（一九〇四―一九八三年）は、まさに福島の郷土の誇りとすべき人物のひとりです。二〇〇七年には日本国憲法施行六〇周年を記念して、鈴木を描いた『日本の青空』（大澤豊監督、インディーズ）という映画作品も制作されています。

鈴木は若いころに左翼運動にかかわったりマルクス主義を研究したりしたために、悪法の治安維持法により検挙され服役したり著書が発禁処分になったりと、戦後までながらく不遇な人生を歩みました。学問をしただけで逮捕され処罰されるという理不尽さに衝撃を受けて、「人民と国家とは何か、どうあるべきか」を真剣に考えるようになり憲法学の道を志しました。その後は、人民とともに歩みながら、マルクス主義憲法学の確立を目指しました。純粋な学問研究のほかに、鈴木が行った偉業は、明治憲法制定前の自由民権運動期の私擬憲法（民間憲法案）を研究する中で、土佐の植木枝盛による「東洋大日本国国憲按」を発掘して詳細に分析したことがあります。この植木の思想は鈴木の憲法構想に影響を与え、後の憲法研究会の「憲法草案要綱」にも反映されていくことになります。

「憲法草案要綱」には、国民主権、象徴天皇制、男女平等、表現の自由、著作権、生存権、労働者の権利などまで規定されており、驚くほど大変に画期的なものでした。この「憲法草案要綱」がGHQの知るところとなり、GHQ草案の多くの部分に採用されたのです（詳細は小西豊治『憲法「押しつけ」論の幻』［講談社現代新書、二〇〇六年］を参照。「憲法草案要綱」全文も掲載されています）。鈴木が生きていたら、3・11後の東北を見て、日本国憲法の改悪ではなく、日本国憲法のポテンシャルを掲げて、人々の救済を訴えたことでしょう。

いくつか提示された民間の憲法草案のうち、このひとつだけでもGHQ草案に大きな影響を与えて部分的に採用されたということは、少なくとも、日本国憲法がGHQ（または、アメリカ）の一方的な押しつけだったという主張を実質的に崩すのには十分です。それどころか、日本国憲法が、〈明治自由民権運動―植木枝盛―大正デモクラシー―鈴木安蔵〉という、たしかに日本に存在した草の根の思想伝統のひとつに、しっかりと根ざしていることが分かると思います。

2　かりに「押しつけ」られたとして、何が問題なのか？

それでもまだ押しつけ憲法論を主張する人がいたとしましょう（日本国憲法が保障しているように、事実についての価値評価は人それぞれですから）。では今度は、かりに押しつけだったとして、実質的に何が問題なのか？と問うてみましょう。

マッカーサー元帥が憲法を日本の政府に押しつけたということが言えますでしょうか。普通、人がほかの人に何か押しつけるときに、自分のものよりいいものを押しつけませんでしょう。日本の憲法はアメリカの憲法よりすばらしい憲法ですから、押しつけという言葉を使えないかもしれません。特に、この憲法が日本の国民に押しつけられたというのは正しくありません。日本の進歩的な男性と少数の目覚めた女性たちは、もう十九世紀から国民の権利を望んでいました。そして、女性は特別に参政権のために運動をしていました。この憲法は、国民の抑えつけられていた意思をあらわしたので、国民に喜ばれました。……いい憲法だったらば、それを守るべきではないですか。

この言葉は、二〇〇〇年五月二日の参議院憲法調査会におけるベアテ・シロタ・ゴードン氏の発言です。ゴードン氏は、戦後ＧＨＱのメンバーとして憲法草案の人権の部分の作成に関与した女性です。封建的な家制度を否定して、家族生活における個人の尊厳と両性の平等を規定した憲法二四条の草案執筆などで有名です。こうした規定は現在のアメリカ合衆国憲法にも存在せず、男尊女卑のかつての日本社会から女性の地位を引き上げた重要なものです。この発言で彼女は良質の憲法が押しつけだとは言えないと述べており、反論しがたい真実を含んでいます。

たしかにそうです。文学だって学問だって映画だって音楽だって仏教だって、良いものなら外国産のものを取り入れて自分たちのものとしてきたという気質があるのに、洋服を着ながら日本国憲法だけを「外国からの押しつけだ」といって感情的になるのはスジが通ってはいませんね。しかし、それでも押しつけだったといいたいのであれば、ゴードン氏の発案がなければこの日本に男女平等も実現されなかった可能性を考えれば、押しつけも感謝されるべきでしょう。なお、彼女は二〇一二年に亡くなりましたが、その功績を称えて、二〇〇四年には『ベアテの贈りもの』（藤原智子監督、日本映画新社）という記録映画も制作されています。

また重要なことですが、第一章で見たように、憲法はそもそも公権力に対する拘束なのですから、立憲主義の国ならばどこであれ、どのみち権力者にとっては「押しつけ」以外の何ものでもありません。大切なのは、主権者となった日本国民がどう受け止めたかであって、度重なる保守的改憲の主張にもかかわらず、施行六六年の歴史の中で、戦前・戦中とはまったく異なって、私たちが自分の生活を自由で安定したものとして築き上げてきたという事実が、なにより日本国憲法の血肉化を証明しています。明治憲法は天皇主権だったのであり、臣民の権利も憲法上制約されたもので、当然十分な民主主義体制も表現の自由もなく、「自分たちのことは自分たち国民で決める」という前提条件がなかった以上、かりに日本国憲法が押しつけであったとしても、それによって、はじめて真の国民主権・民主主義が保障されたことを評価すべきでしょう。

そして忘れてならないことは、沖縄は当時日本国憲法を押しつけられることさえなかったために、一九七二年まで日本に復帰することもできず、アメリカ合衆国の統治下で様々な苦境にあえぎ続けることになったのです。基地の負担だけでなく米兵が起こした不祥事や犯罪の問題なども含めて、現在にまで禍根を残すことになった米軍基地の沖縄への集中の問題も、ここに端を発しています。

一方で、日本国憲法は七〇年近く経っており「新しい人権」がないから改正すべきだ、という、まともな改憲論もあります。ただこれに関しては、日本国憲法の立場からいえば、幸福追求権（一三条）を根拠として「新しい人権」は現に認められています。日本国憲法は、将来に向かって開かれたものとして、もともと構想されているのです。ちなみに、自民党改憲案も「新しい人権」を根拠に改憲を唱えているようにも見えるところもありますが、自民党改憲案の文言を見れば分かるように、一見、知る権利や環境権などに配慮を示しているようでありながら、国民の「権利」としては明記していない点には注意する必要があります（自民党改憲案二一条の二、二五条の二などを参照）。自民党改憲案自体、保守色が濃厚である以上、国民の権利保障に重点が置かれているはずはありません。政治家は口がうまいのですから、耳あたりの良い議論には要注意です。

さて、思想や文化といったものは国内外に様々なものがあって、世界的規模の「思想の自由市場」

の中でより良いものが残り普遍的に伝播していくものでしょう。学問でも芸術でも社会制度でも同じです。日本の場合、最も日本人に根づいていると思われる宗教である仏教も、もとは外国のものでした。「和洋折衷」といった言葉があるように、日本の文化の美徳のひとつは—和歌の「本歌取り」という伝統技法にも代表されるように—もともとは別のオリジナルな物事を自分たちの中に取り込んでうまく活用していくことにあると思います。多くの保守的改憲派が模範とする明治憲法ですら、当時の西欧（特にドイツ）に学び、明治政府のお雇い外国人の協力を多く得て作られたものでした。しかも、当時の欧米列強からの外圧と不平等条約の改正要求との政治的妥協のうちに、民間の自由民権運動を潰す格好で一部の薩長出身者の権力者だけで作られたものだったのですから、いうほどに純然たる日本製のものではありませんでした。

日本国憲法は、かりに押しつけ憲法だったとしても、当時の世界の多様な最先端の思想と、象徴天皇制などの日本の伝統的な思想と、鈴木安蔵らの日本人の思想との和洋折衷の集大成として、むしろ日本の誇りとして堂々と世界にアピールできる普遍的な価値のあるものではないでしょうか。同じ「押しつけ」を問題視するなら、日本国憲法よりも日米安保条約のほうがはるかに問題となるはずです。

3　改憲という「押しつけ」？

ごく簡単に「押しつけ憲法論」について再検討してみました。みなさんはどうお感じになったでしょうか。たとえ日本国憲法が押しつけだったとしても、やはり重要なのは憲法の中身の議論だと思います。世界の憲法の多くは何度も改正されていますが、日本国憲法はこれまで一度も改正されていません。すごいことじゃないですか！幾多の試練と風雪に耐えながらも、自民党などが何度も保守的な改憲を叫ぼうとも、物ともせず、その普遍的な正義の力を示し続けてきたわけですから。やはり一度も改正されなかった明治憲法は、五八年間で崩壊しました。歴史と伝統を尊重するというならば、明治憲法より長い命脈を保つ六七年間の日本国憲法の歴史を讃えて尊重すべきでしょう。

◆保守的改憲案について

現在、明治天皇の「五箇条の御誓文」や明治憲法を日本国憲法よりも称揚する保守派や右翼の多くは、「昔はよかった」的な感情論と「天皇陛下様」への心酔または信仰が優先で、大日本帝国の暴走や臣民の権利に対する抑圧などの事実について驚くほど無頓着で、誠実に反省しているようには見えません。まして、保守派は「強い国家」という名目で原発推進派が多いのですから、3・11の犠牲者・被害者のことを本当の意味で考えてくれている人は少ないようです。戦争中と同じく、「お国のためには犠牲は仕方ない、いや、むしろ名誉なことだ」といわんばかりです。「憲法に権利ばかり書いてあるのはダメだ」という人も多いのですが、国家権力＝主権の拘束という憲法の意味を理解していないばかりか、単に法と道徳感情を混同しているようです。「家族観」やら「国家観」やら、個人的な特定の価値観（あるいは単なる思い込み？）を絶対的なものとして法の中に書き込み国を統治することになったら、多様な考え方を持つ個人は抹殺されかねません。

偉そうな政治家の中には、「近頃の若者はけしからん」的な感情論で――いったい何様のつもりなのでしょうか？自分のことを全知全能の立派な神様のように思っているのでしょうか？――憲法を書き換えようとする人までいるようです。しかし、阪神淡路大震災や3・11大震災などで見られた各種ボランティアを見れば分かるように、日本人も外国人も老いも若きも、善意や協力といった道徳的なすばらしい行動は自然と湧き出てくるものであって、わざわざ日本精神などといったものをお仕着せがましく憲法に書き込むのは美しい人間精神に対する冒涜であり、国民不信に基づく大きなお世話です。法と道徳感情の領分を冷静に区分するのは常識です。

いずれにせよ、かつて明治憲法下で天皇主権体制（国体）に反するような思想・言論は治安維持法などによって弾圧されていたことを思えば、日本国憲法の下では日本国憲法体制を批判・否定して明治憲法への回帰や保守的改憲を主張してもなんのお咎めもなく自由に主張できるわけですから、日本国憲法嫌いの人たちこそ、日本国憲法の思想・良心の自由や表現の自由といった人権の恩恵を最大限に受けているありがたみにもっと謙虚に感謝して、人権思想を尊重すべきです。

ちなみに、日本国憲法では、思想・表現の自由は最も厚く保障されるべき人権と考えられています（「おわりに」で述べますが「二重の基準論」という憲法学上の考え方です）。コミュニケーションの自由がなければ、人間の人格形成にも健全な民主政治の運営にも支障をきたしてしまうからです。「思想の自由市場」を最大限に活性化させることが、人にも国にも大切なことなのです。しかしながら、自民党改憲案では、表現の自由を定めた二一条にわざわざ二項を付加して、「前項の規定にかかわらず、公益及び公の秩序を害することを目的とした活動を行い、並びにそれを目的として結社をすることは、認められない。」と規定しています。恐ろしいことです。「思想の自由市場」は縮減され、表現の自由の行使は萎縮させられ、時の政権に反対するような言論や運動は否定されるのです。被曝者の私たちから見れば、「国策の原発に反対するような言論や運動は処罰されて当然である」と言われているようなものです。しかも、国防軍規定の九条の二の三項では、「国防軍は、…法律の定めるところにより、国際社会の平和と安全を確保するために国際的に協調して行われる活動及び公の秩序を維持し、又は国民の生命若しくは自由を守るための活動を行うことができる。」としているわけですから、たとえば、反原発や戦争反対などの大規模デモなどが生じた場合には、「公の秩序」を害するものとして、日本の国防軍が日本の市民に銃を向けることも可能となります。まるで保守派自身が嫌う近隣国のようで、ゾッとします。

　昨今の改憲論は、「押しつけ憲法論」に基づいて国民意思による自主憲法制定という看板を表に掲げるものですが、気をつけなければならないのは、ここで安易に用いられている「国民意思」なるものの実態でしょう。第一次安倍政権が改憲を進めるために党利党略的にこしらえた国民投票法が最低投票率を規定していないとか国民的熟議のための表現の自由を十分に保障していないなど欠陥だらけである点も問題ですが、それ以前に、日本国憲法に基づいて政治問題をきちんと議論できるような真に民主的な市民をこれまで政府が学校教育などを通じて育成してきたのでしょうか。「由らしむべし、知らしむべからず」（「泰伯」『論語』）の日本的曲解で、国民を法や政治から遠ざけてきたのが、これまでの政策だったのではないでしょうか。少なくとも私には、義務教育などにおいて、法律問題や政治問題を日本国憲法に適合した民主的なディベートによって合理的・批判的に考えていくような教育を、放射能教育と同様、施された記憶はありません。一般的にも、憲法教育は通り一遍の表面的なものでしかなく、今回の改憲論議ではじめて憲法九六条の存在を知った人も多いのではないでしょうか。日本の憲法なのに全部を読んだことすらない日本人も（政治家も？）いるかもしれません。

加えて、福島原発事故の情報と同じく、国家にとって都合の悪い情報は隠ぺいしたり操作したりして、主権者に十分な情報は伝達されてこなかったのではないでしょうか。このように、普段は統治の世界から国民を遠ざけておきながら、都合のいいときだけ「国民意思」を持ち出して、いわば国民をダシにして保守的改憲を強行しようというのでは国民不在であって、本当の健全な国民主権・民主主義の国家とはいえません。しかも、軍事協力要請というアメリカ合衆国の外圧によるところが大きいのですから、新たな「押しつけ改憲」だといわれかねないような気もします。

しかも最近では、硬性憲法の改正手続（九六条）はハードルが高すぎるので、まずは九六条を変えてハードルを下げよう、という論調すら自民党などから出てきてしまいました（自民党改憲案一〇〇条）。自分たちの保守的改憲案がまっとうな方法では受け入れられないだろうから改正手続のルールのほうを変えてしまえ、ということです。けれども、ゲームやスポーツの世界で、もしも自分が勝てないからルールのほうを自分に有利に変えてしまえ、などということがあったら、もはや卑怯を通り越して破廉恥でしょう。しかも、憲法改正のハードルを下げて保守的改憲派が望む改憲が成功した暁には、再び憲法改正条項を元に戻してさらなる改憲を困難にするという戦略もありえます。そこまで露骨でなくとも、政権交代のたびに憲法改正案が発議されかねないようになるわけですから、国のアイデンティティが不安定すぎ、国民は安心して暮らしていけません。さすがに、この硬性憲法の軟性化の流れは法の支配・立憲主義自体の崩壊の危機であるとして、護憲派のみならず旧来の改憲派の一部までもが一緒になって九六条改定に反対する「九六条の会」(http://www.96jo.com)を立ち上げたことは画期的な出来事ですが、それだけ一大事の緊急事態なのだ、ということがお分かりになるでしょう。憲法自体が国家権力(=主権)の自己拘束なのですから、憲法改正手続条項も自己拘束として変更不可と考えるのが論理的です。そうでなければ、わざわざ硬性の要件を条文化したりしないはずです。

もちろん、憲法改正はありうることです。日本国憲法自身が九六条で改正を認めているのですから。ただし、文字どおり「改正」ならば、です。改正というからには、日本国憲法を前提として、日本国憲法の延長として、その理念に即して条文を改正していくことでなければなりません。ですから、改憲だからといってどんな改憲でもOKというのではなく、憲法改正には限界があると考えるのが合理的です。しかしこれまで見てきたように、現在、自民党をはじめ政治家たちから提案されている改憲案は、どれもこれも現行の日本国憲法の精神や理念から大きく退行するようなものばかりで「改悪」と呼ばれるべきものです。いや、日本国憲法の精神や理念を否定している部分すらあるので、日本国憲法を廃棄して新憲法を制定する(=別の国家にする)という側面すら見て取れます。日本国憲法前文第一段にいう「われらは、これに反する一切の憲法…を排除する」の「憲法」に文字どおり当てはまるような代物なのです。

◆緊急事態条項について

とはいえ、阪神淡路大震災や東日本大震災などを体験した私たちにあっては、日本国憲法に「国家緊急権」のような緊急事態に備えた条項がないのは問題だという言説に、思わず賛同したくなるのも人情かもしれません。緊急事態に遭遇した時こそ、感情的に、「だから改憲だ！」となりがちです。しかし、少し冷静に考えてみましょう。

日本国憲法に緊急事態条項が全くないというのは間違いです。不測の巨大災害への対応については、日本国憲法草案段階での自覚的な議論を経て、「法律による政令への罰則の委任」（七三条六号但書）と「参議院の緊急集会制度」（五四条二項、三項）を明記したことが明らかにされています。また、一九五九年の伊勢湾台風の惨事を機に、災害対策基本法（一九六一年）も制定して、災害緊急事態の際に国会が閉会中であったり衆議院が解散中で臨時会の召集や参議院の緊急集会を求めるいとまがなかったりする場合には内閣は緊急政令をもって必要な措置を講ずることができるようにしてあるのです。こうした規定の意義を十分に理解して活かしきれなかった政府の失策を（もっとも、３・11の時は国会開会中でしたが）、憲法の欠陥の問題とすり替えて議論してはなりません。ＧＨＱ草案では一院制であった国会を日本側が二院制に修正した際に参議院の緊急集会についてこのような意義を含めて考えていたにもかかわらず、昨今の改憲論の中には「参議院は無用だ」などとして一院制を主張するものまであるのですから皮肉なものです。

３・11後の現場では、多くの公務員たちが死に物狂いで救援活動等を行いました。その尊敬すべき姿とは対照的に、中央の政府や官庁は後手後手なうえに不十分な対応ばかりでした。加えて、情報の隠ぺい・操作（かつての薬害エイズ事件等々の教訓はどうなったのでしょうか）や、タテ割り行政の弊害や、与党と野党の見苦しい足の引っ張り合いといった、日常時からの問題が情けない形で突出して現れてしまっていました。緊急時に国家権力に強大な権限を集中させるような国家緊急権などを憲法上に明記したところで、政治家や官僚が無能であれば国家権力が濫用され暴走する危険性が高まるだけで「百害あって一利なし」です。自民党改憲案の緊急事態条項（九八条、九九条）は法律への委任ばかりで無意味などころか、その拡大の危険性に慎重な歯止めもなく、緊急事態の権限行使であれ、できる限り国家権力に憲法上の拘束をかけるべきだという立憲主義はハナから不徹底です。

現行の日本国憲法の参議院の緊急集会の意義と役割を積極的に見直しつつ、平和的生存権を基盤にした生命・自由・幸福追求権の最大の尊重についての公共の福祉（一三条）による適切な調整と各種の災害関連立法の充実によって十分に災害対応も可能なはずです。むしろ、直接的な緊急事態条項ではなく、参議院の緊急集会等の間接的な緊急事態条項の明記にあえて留めた日本国憲法の意味を洞察すべきであって、日本国憲法が欠陥だらけとか、諸外国の憲法に遅れているとかいったことではないのです。

＊　　＊　　＊

本章では、日本国憲法の誕生を振り返りながら、昨今の改憲論議について簡単に検討してみました。近年、アメリカ合衆国の法学者らが現在の世界一八八カ国の憲法を分析したところ、日本国憲法の内容は「今も最先端」なのだそうです（朝日新聞二〇一二年五月三日朝刊一二面）。いずれにせよ、改憲を論じるには、まず日本国憲法の内容を私たち市民がしっかり理解するところから始めなければなりません。条文内容どころか条文数も知らないようではお話になりませんから。そのうえで、この憲法のポテンシャルを生かしきれなかった戦後の政府の責任を棚に上げて、震災復興も不十分なままに実質的に日本国憲法を捨て去るような保守的改憲の是非について、主権者であるみなさんが自分自身の問題として、じっくり考え、とことん議論していかなければなりません。そのうえで、改憲すべきか否か、改憲するとしてもどのような内容の改憲案が妥当かを、具体的に吟味していかなければなりません。

最後に、私が一番好きな日本国憲法の条文を挙げておきます。この条文は、自民党改憲案では丸ごと削除されているものです。

九七条

この憲法が日本国民に保障する基本的人権は、人類の多年にわたる自由獲得の努力の成果であつて、これらの権利は、過去幾多の試練に堪へ、現在及び将来の国民に対し、侵すことのできない永久の権利として信託されたものである。

＊国立国会図書館ＨＰの「日本国憲法の誕生」は大変興味深いサイトで、貴重な資料を見ながら分かりやすく憲法制定の過程が学べます（http://www.ndl.go.jp/constitution/）。

おわりに　フクシマより〈愛〉を込めて

３・11の悲劇以降、福島が「フクシマ」として急にクローズ・アップされましたが、実は、憲法の歴史にとってフクシマは、大変ゆかりのある重要な地域なのです。本書で論じた原発問題や、日本国憲法の生みの親といってもいい鈴木安蔵の話はもちろんのこと、古くは、自由民権運動に関連した「福島事件」にはじまり、二〇〇六年の映画『フラガール』（李相日監督、シネカノン）に描かれた実話を後日譚とする「常磐炭鉱」の問題、戦後最大の冤罪事件といわれる「松川事件」と、多くの歴史的事件のあった場所でもあります（ちなみに、常磐炭鉱や松川事件についての貴重な資料は福島大学地域創造支援センターに保管されています）。このような地域にかかわる私たちだからこそ、先人たちに学び、日本国憲法と昨今の改憲論議をしっかりとまじめに検討する必要があります。３・11の被害者である私たちだからこそ提言できる事もあるはずです。

もちろん、３・11大震災のことだけでなく、阪神淡路大震災も新潟県中越沖地震なども忘れてはいけません。しかも、新潟県中越沖地震の際には東京電力柏崎刈羽原発は無数の損傷を受けており、すでに原発安全神話は崩壊していたはずでした。そのほかにも、恐ろしいことに、ヒロシマ・ナガサキの体験以降、原発の事故はこれまでも何度もあり裁判も起こされてきたのです。それ以前の四大公害や薬害エイズ事件などの反省も十分に活かされないままに、今回のフクシマの悲劇を迎えたのです。

福島原発の管理・運営のずさんさは、『国会事故調報告書』などを読めばすぐ分かりますが、再三リスクを指摘されても、結局は「コストがかかるから改善しない」、といった有り様だったのです。要するに、人のいのちよりカネの問題のほうが重要だと考えているのです。これは、電力会社だけでなく、国民の平和的生存権よりも国益としての経済成長を優先させる経済界や、経済界の圧力と結びついてきた自民党などの政党、原子力をめぐる既得権益にまみれた経済産業省その他の省庁等々、正力松太郎氏と中曾根康弘氏らの政治主導の原発導入以来の政・官・財を巻き込んで戦後ずっと続いてきた構造的な大問題なのです。地方に原発をめぐるカネと文化を押しつけて、中央との逃れられない搾取関係を強いてきました。

日本国憲法は、端的に「人々のいのちを大切にせよ」と命じています。けれども残念ながら、現実の政治や経済は「いのちよりカネ」なのです。経済成長はとても大切なものですが、いのちよりは優先すべきものではありません。「とにかく経済がすべて」ならば、それこそ、短期的な経済効果を大義名分として、重税も過労死も戦争もnuclearも「なんでもアリ」になってしまいます。まさにそうした考えを戒めているものこそ、利権をめぐる戦争の愚かさと悲惨さの猛省に立った一九四六年日本国憲法なのです。自民党は、これまでの日本国憲法にそぐわない原発推進や軍備増強を進めながら、3・11後の復興・再生も中途半端に、日本国憲法を変えて、国民の権利を制限し義務を新設し、徴兵制禁止条項のない国防軍を創設する保守的な改憲を行おうとしているのです。アベノミクスの現時点での成果に浮かれて、いのちや人権の尊重を軽んじる結果になってはいけません。

憲法学の重要な理論のひとつに、「二重の基準論」という考え方があります。これは簡単にいえば、日本国憲法の中の思想・表現の自由を中核とする精神的自由権を経済的自由権よりも厚く保障しなければならない、とする理論です。もともとはアメリカ合衆国の最高裁判例で生まれたものですが、日本の学説でも支配的なものとなり、日本の最高裁判所も受け入れているものです。要するに、「経済の自由市場」（人間の物質的生の場）も大切だが、それよりも、「思想の自由市場」（人間の精神的生の場）はもっと大切だ、という考え方です。単純化すれば「カネよりいのちのほうが大切」という当たり前のことをいっているのです。私たちは日本国憲法の精神と理念を、この考え方を踏まえて、しっかり自分たちのものとする必要があります。誰ひとりとして「生きるに値しないいのち」などありません。

日本近代史をどう見るかに関してはいろいろな立場がありますが、しかしどの立場に立つにせよ、戦争があったこと自体は否定しようがありません。それならば、「国民であれ外国人であれ、たった一人でも国策によって生命を犠牲にさせられた」という理不尽な事実があったことだけで、もうたくさんです。そのような愚かで悲惨な惨禍が政府の行為によって繰り返されないように、日本国憲法は平和的生存権を中心理念として、個人の人権を厚く保障したのです。原発事故も、国策によって市民の生命が危険にさらされているという点では、戦争と変わらないのです。3・11の犠牲者・被害者は、老若男女国籍問わず善人であろうと悪人であろうと犯罪者であろうと、そのいのちの重さは変わりません。今こそ、戦後の出発点に立ち戻って、私たちすべてのいのちを守り人権を守るために、まずは私たちが日本国憲法を自分の心身に根づかせるようにいたしましょう。そうして、過去に学び反省して、未来に前進していくほかありません。

本書の扉に掲げたエピグラフは、かつてのナチスの地獄の経験と敗戦後に東西ドイツに分断されるも、日本と同様に復興を成しとげて再統一を果たしたドイツのリヒャルト・フォン・ヴァイツゼッカー元大統領の有名な「荒れ野の四十年」という演説の一節ですが、「過去に目を閉ざす者は結局のところ現在にも盲目となります」という言葉を、私たちも肝に銘じるべきでしょう。

今の安倍晋三首相というと、自民党保守派としての彼の出自として、すぐに母方の祖父である岸信介元首相の話ばかりが語られます。A級戦犯容疑者であった岸元首相は、保守合同を主導し復古主義的な改憲論を強力に唱えた人物ですが、どうやら安倍首相はその外祖父の執念というか怨念というかを現代政治の場で実現して晴らしたいと躍起になっているようです。その保守的思念は、第一次安倍内閣の時に、二〇〇六年の教育基本法の保守主義的な全面改定、二〇〇七年の旧防衛庁の防衛省への昇格、さらに改憲を実行するための拙速な国民投票法の成立などを実現させました。現在は、国家安全保障会議（日本版NSC）の設置と、特定秘密保護法の成立に向かっています（＊二〇一三年一一月二七日に国家安全保障会議設置法、一二月六日に特定秘密保護法が成立）。明らかに国防軍設置のための布石ですが、ますますnuclearなどの重要情報も隠ぺいされ、ジャーナリスト等の取材活動も制限され、「思想の自由市場」は萎縮していってしまうのでしょうか。「堀はすべて埋めた、残すは本丸（＝憲法）を落とすだけだ」といった感じですが、とにかく日本国憲法が嫌いで保守的憲法を制定したいとの信仰が見て取れます。日本がかつて歩んでしまった国内外に大災厄をもたらした道への危険性にあまりに無頓着で、そういった感覚が、被災者救済より保守的改憲を優先し、果ては福島第一原発の放射能汚染水漏れが国際原子力事象評価尺度で「レベル３」に達しているにもかかわらず、「(原発事故の)状況は完全にコントロールされている」などと東京オリンピック・パラリンピック誘致のスピーチでいってのけるようなところにも表れてしまっています。

ここでぜひともみなさんに注目していただきたいのですが、実は、安倍首相の父親である安倍晋太郎氏の父親（つまり安倍首相の内祖父）は安倍寛という人で――一般にはあまり知られていないかもしれませんが――戦中戦後と筋金入りの平和主義者で、軍国主義時代に堂々と軍閥批判を行った清廉潔白な人物だったのです。若くして一九四六年に亡くなったので、安倍首相が生まれた時にはすでに鬼籍に入っているのですが、寛氏の思想や行動をもし少しでも直接に知っていれば、安倍首相は、市民の幸福と世界の平和のためにもっとすばらしい活躍ができたろうに、と残念でなりません。

安倍首相は『新しい国へ』（文春新書、二〇一三年）という皮肉以外の何ものでもないタイトルの自著の中で、「［安保条約の―引用者］中身も吟味もせずに、何かというと、革新とか反権力を叫ぶ人たちを、どこかうさんくさいなぁ、と感じていた」（二五頁）と述べていますが、安倍首相のほうこそ日本国憲法の中身をしっかり勉強して十分に理解しているのでしょうか。憲法一三条や故芦部信喜博士のことすら知らないようではお話になりません。それどころか、自分たちの保守的な「強い国」の思想が、かつての戦争のみならず、今回の原発震災の原因につながっていることを自覚・反省しているのでしょうか。安倍首相が讃えてやまない「瑞穂の国の資本主義」（二四四頁以下）のせいで「美しい国」であるはずの日本の土や水や空気が放射性物質で汚染されてしまったという事実を、安倍首相と自民党はどう受け止めているのでしょうか。「愛国心」を叫ぶなら、現行の日本国憲法の精神と理念を生かして十分に使いこなして、政治家が清廉実直で情報公開責任と説明責任をしっかりと果たし、国民の真の幸福を十全に実現する国に対してこそ、強制せずとも自然に湧き上がってくるはずでしょう。むしろ私たちにとっては、日本国憲法を掲げた「愛福島心」、「愛東北心」のほうが、よほどシンパシーを感じられますね（もちろん法による強制は許されませんが）。

しかし、安倍首相と自民党を批判してばかりではいられません。従来から国策原発を推進し保守的改憲を目指してきた、その自民党に、3・11原発震災で被害をこうむった東北地方の多くの市民が先般の衆参両議院選挙で投票し、タカ派保守主義者の安倍政権を誕生させたのです。この審判は、いずれ世界史によって下されることでしょう。

◆井上ひさしの言葉とこれからの私たちについて

いよいよ、本書もおわりです。本書を閉じるにあたって、どのような言葉で終えようか、とても考えました。でも、私には、この言葉以上のものを思いつくことができませんでした。小説家・劇作家として大変有名で、また、「九条の会」の呼びかけ人のひとりでもあるほど日本国憲法を愛し語り広めてきた井上ひさしさんの言葉です。

戦争中に国民学校の生徒だった井上さんは、「お国のために二〇歳くらいで死ぬ」と言い聞かされてきたそうです。その矢先、一九四五年八月一五日の敗戦を迎え、日本国憲法が制定されて、心から解放感を感じたそうです――生きていということ、生きる喜び、いのちと自由の尊さを実感して。

井上さんが実際に日本の小学生に向けて話された内容をもとに作られた絵本『「けんぽう」のおはなし』の最後の部分には、こう記されています。

広い宇宙のなかで、生物がすめる星が、
いったいいくつあるでしょう。
その数少ない星のひとつである地球で、
たくさんの試練のつみかさねから人間が生まれました。
まさに、きせきです。
その人間一人ひとりを、
かけがえのないそんざいとして、
たいせつにする社会。
それをいちばんだいじにしていこう、
というのが日本の「けんぽう」です。
きみたちは、そんな日本を自分でえらんでいる、日本人なんです。
これからも、しっかり生きていってくださいね。

（井上ひさし原案・武田美穂絵『「けんぽう」のおはなし』〔講談社、二〇一一年〕より）

二〇一〇年に井上さんはお亡くなりになりました。山形県出身の彼が東日本大震災とその後の日本をご覧になっていたら、どのように考え発言されたのか、今ではもう知ることができず大変に残念です。私たちが第一になすべきことは、こうした井上さんの想い、戦争や震災で犠牲となった方々の想い、そうした「想いの歴史」の重さ、重い想いの大切さを思い思いに噛みしめて、戦後七〇年近くを築いてきた日本国憲法を十分に学び、自分たちのものとして使いこなし、平和的生存権を中心とする人権を実現していくことではないでしょうか。

とりわけ、天災のみならず国策人災でもあった3・11後の今こそ、敗戦後の荒れ野から立ち上がった先人たちの決意に思いを致し直して、私たちは日本国憲法を自分たちの武器・防具として、再び立ち上がらなければなりません。福島県在住の詩人和合亮一さんが震災直後から言葉を紡ぎ出し続けているように、今回の悲劇が風化し忘却されないように、私たち被災者・被曝者も日本国憲法を通じて声を発し、「思想の自由市場」を今後も活性化し続けていかなければなりません。

物事には忘れてよいことと忘れるべきことと、しかし決して忘れてはならないことがあります。弱者や少数者が「泣き寝入り」するしかない国などであってはならないのです。たしかに怒り続けること、発言し続けることは辛いですし、周囲から「まだあんなこと言ってやがる」と白い眼で見られながら何年後も問題にし続けることも苦しいことです。けれども、すでに全国的には3・11のことは風化しつつある中で、地元の私たちまでもが忘却してしまっては、それこそ国や東電の思うツボです。放射線との闘いは長く続くのですから、帰還することに決めた人にも別の土地で生きることに決めた人にも優しく、「までい」（福島などの東北地方の方言で、「心をこめてじっくりと手間暇かける」という含意があります）に、ふるさとの復興・再生を目指さなければなりません。

「明けない夜はない」といわれますが、私たちが自分たちで夜を明けさせなければならないのです─日本国憲法とその下で正義と権利のために闘った先人たちとの対話によって。日本国憲法には、そうした市民のがんばりを保障し支援するポテンシャルがつまっているのです。私は日本が好きですが、「見て見ぬフリ」、「臭いものにフタ」、「ミソギが済んだら知らんぷり」による人権問題に対する不感症とも「難治性悪性反復性健忘症」（菅谷昭『原発事故と甲状腺がん』［幻冬舎ルネッサンス新書、二〇一三年］に出てくる言葉）ともいうべき日本人のメンタリティについては憂慮しています。

こうしたメンタリティの延長線上にあるのかもしれない改憲論議が「改憲」なのか「壊憲」なのか、私たちは知識を学び、しっかりと見極めて、一票を投じなければなりません。少なくとも、平和的生存権を抹殺し、国内に多くの nuclear の脅威を推進させながら、近隣国の軍事的脅威を喧伝して「国防軍」その他一連の改憲を主張する動向について、私たちは諸学問を学び、冷静かつ合理的に思考し議論して判断を下さなければなりません。これ以上、子孫に顔向けできないことにならないように。

一九四六年日本国憲法の精神と理念の力、そして、「思想の自由市場」における個々人の「思想の力」を私たちが真に発揮させていくのは、これからなのです。

みなさん、今こそ一緒に、日本国憲法を語り合いましょう！
そして、希望ある未来へと生きていきましょう！

―「われらとわれらの子孫のために」
（日本国憲法前文第一段）

＊ＮＨＫの報道（二〇一四年一月一七日付）によれば、福島県内の「震災関連死」の数は一六二四人に達し、地震や津波を直接の死因とする一六〇七人を初めて上回ったという。

【推薦図書】

重要な文献は山のようにありますので、ここでは、〔大人向け〕を除いて、入手しやすく高校生くらいから読めるものを思い切って厳選してみました。さらに思索を深めたい方は、巻末の【主要参照文献】に、ぜひチャレンジしてみてください。

〔読みやすい憲法入門〕

池上彰『池上彰の憲法入門』（ちくまプリマー新書、二〇一三年）

伊藤真『憲法が教えてくれたこと―その女子高生の日々が輝きだした理由』（幻冬舎ルネッサンス、二〇一二年）

水島朝穂『はじめての憲法教室』（集英社新書、二〇一三年）

＊水島文献は早稲田大学水島ゼミの模様を活字化したもので、対話形式で憲法学の基本が分かるだけでなく、メディアのアンケート調査のうさん臭さにも気づかせてくれます。

〔最近の改憲論をめぐって〕

青井未帆『憲法を守るのは誰か』（幻冬舎ルネッサンス新書、二〇一三年）

伊藤真『憲法問題』（ＰＨＰ新書、二〇一三年）
小林節・伊藤真（対談）『自民党憲法改正草案にダメ出し食らわす！』（合同出版、二〇一三年）
＊小林・伊藤文献は改憲派と護憲派の二人が双方の立場から自民党改憲案を批判しています。ひととおり憲法を勉強した後に読むと刺激的でしょう。

〔福島原発事故に関連して〕

鎌仲ひとみほか編著『鎌仲監督 VS 福島大学1年生』（子どもの未来社ブックレット、二〇一二年）
河﨑健一郎ほか『避難する権利、それぞれの選択』（岩波ブックレット、二〇一二年）
菊池馨実編著『ふくしま・震災後の生活保障』（早稲田大学ブックレット、二〇一三年）
福島原発告訴団編『これでも罪を問えないのですか！──福島原発告訴団50人の陳述書』（金曜日、二〇一三年）
＊鎌仲文献と菊池文献は震災後の福島大学の学生たちのがんばりを伝えてくれます。

〔マンガで学ぶ〕

勝又進『劇画日本国憲法の誕生』（高文研、一九九七年）
中沢啓治『はだしのゲン』（中公文庫コミック版など）
中島篤之助ほか監修『まんが原発列島（増補版）』（大月書店、二〇一一年）
R・ブリッグズ（さくまゆみこ訳）『風が吹くとき』（あすなろ書房、一九九八年）

＊『風が吹くとき』（原作は一九八二年出版）は絵本ですが、一九八六年にはイギリスでアニメーション映画化（J・T・ムラカミ監督、日本語版あり）されています。

〔その他〕

石川健治「96条改正という『革命』」朝日新聞二〇一三年五月三日朝刊一三面ほか、同日の新聞各紙の憲法特集の読み比べ

小熊英二『日本という国（増補改訂）』（イースト・プレス、二〇一一年）

和合亮一『詩の礫』（徳間書店、二〇一一年）、『詩ノ黙礼』（新潮社、二〇一一年）

＊和合さんは福島を代表する詩人で震災後も福島に残りながら魂の叫びを発している方ですが、この文献は震災時から発信し続けたツイッターの言葉を集めたものです。

〔大人向け〕

井上ひさしほか編『「世界」憲法論文選 1946―2005』（岩波書店、二〇〇六年）

奥平康弘ほか編『改憲の何が問題か』（岩波書店、二〇一三年）

奥平康弘ほか編『危機の憲法学』（弘文堂、二〇一三年）

日本科学技術ジャーナリスト会議『4つの「原発事故調」を比較・検証する』（水曜社、二〇一三年）

森英樹ほか編著『3・11と憲法』（日本評論社、二〇一二年）

＊『危機の憲法学』は専門的ですが、3・11と今後を考えるうえで大変重要な文献です。

＊憲法学を本格的に勉強してみようという人には、大学で多く使用されているような教科書を読むことをおすすめします。芦部信喜先生の教科書をはじめ良質の教科書がたくさん刊行されていますが、比較的に初学者でも入りやすく、分かりやすく詳しく説明されているものとして、ここでは、渋谷秀樹ほか『憲法１人権・２統治（第五版）』（有斐閣、二〇一三年）を挙げておきます。

あとがき

あの日から、あまりの事の重大さに、僕は沈黙するしかなかった。絶望感と空虚さの中で、自問自答し、福島大学の学生たちと語り合い、多くの文献や仏典や聖書類を読んで対話した。犠牲者と被災者に心を痛めながら、被災地を巡った。時が止まっていた。そして、風だけが吹いていた。— Le vent se lève, il faut tenter de vivre (Paul Valéry). 書かねば、と思った。誠実に生きようと思う。結局、学藝者でしかない僕には書くことしかできない。だから、書く。あなたへ。

安らかに眠ってください　過ちは　繰り返しませんから

（広島平和都市記念碑・原爆死没者慰霊碑碑文）

二〇一三年一一月三日　4号機使用済核燃料棒の取り出しが始まる日を目前にして

金井光生

【主要参照文献】

＊本文および【推薦図書】に挙げた文献を除く。

※印の付いた文献は保守的改憲または日本国憲法否定を主張する内容のもの。まずは護憲的立場のものを読んで現行の日本国憲法をきちんと理解したうえで、次に保守的改憲または日本国憲法否定の立場のものも読んで自分の考えを鍛えていくのがスジでしょう。

愛敬浩二『改憲問題』（ちくま新書、二〇〇六年）
秋山靖浩ほか編『3・11大震災暮らしの再生と法律家の仕事（別冊法学セミナー二一八号）』（日本評論社、二〇一二年）
芦部信喜『憲法学Ｉ』（有斐閣、一九九二年）
芦部信喜監修『注釈憲法第一巻』（有斐閣、二〇〇〇年）
阿部浩一ほか編『ふくしま再生と歴史・文化遺産』（山川出版社、二〇一三年）
石井光太『遺体』（新潮社、二〇一一年）
石村耕治ほか編著『大震災と日本の法政策』（丸善プラネット、二〇一三年）
伊藤哲夫『明治憲法の真実』（致知出版社、二〇一三年）※
井上ひさし『吉里吉里人』（新潮社、一九八一年）
井上ひさし・樋口陽一（対談）『「日本国憲法」を読み直す』（講談社文庫、一九九七年）
伊部正之『松川裁判から、いま何を学ぶか』（岩波書店、二〇〇九年）
浦田賢治編著『原発と核抑止の犯罪性』（日本評論社、二〇一二年）
大江健三郎ほか『いま、憲法の魂を選びとる』（岩波ブックレット、二〇一三年）
開沼博『「フクシマ」論—原子力ムラはなぜ生まれたのか』（青土社、二〇一一年）、『フクシマの正義』（幻冬舎、二〇一二年）

葛西まゆこ『生存権の規範的意義』（成文堂、二〇一一年）
金井光生『裁判官ホームズとプラグマティズム―〈思想の自由市場〉論における調和の霊感』（風行社、二〇〇六年）
上脇博之『自民改憲案 VS 日本国憲法』（日本機関紙出版センター、二〇一三年）
木村英昭『検証福島原発事故　官邸の一〇〇時間』（岩波書店、二〇一二年）
小出裕章『原発と憲法9条』（遊絲社、二〇一二年）、『図解原発のウソ』（扶桑社、二〇一二年）
国際基督教大学平和研究所編『脱原発のための平和学』（法律文化社、二〇一三年）
古関彰一『日本国憲法の誕生』（岩波現代文庫、二〇〇九年）
ベアテ・シロタ・ゴードン『1945 年のクリスマス―日本国憲法に「男女平等」を書いた女性の自伝』（柏書房、一九九五年）
小林節『白熱講義！日本国憲法改正』（ベスト新書、二〇一三年）＊自民党保守派とは異なる改憲論
駒村圭吾ほか編『3・11で考える日本社会と国家の現在（別冊法学セミナー二一七号）』（日本評論社、二〇一二年）
駒村圭吾ほか編著『表現の自由Ⅰ』（尚学社、二〇一一年）
櫻井よしこ『気高く、強く、美しくあれ―日本の復活は憲法改正からはじまる』（小学館、二〇〇六年）※
佐藤栄佐作『知事抹殺』（平凡社、二〇〇九年）、『福島原発の真実』（平凡社新書、二〇一一年）
佐藤康雄『放射能拡散予測システム SPEEDI―なぜ活かされなかったか』（東洋書店、二〇一三年）
佐野眞一『津波と原発』（講談社、二〇一一年）
佐野眞一・和合亮一（対談）『言葉に何ができるのか　3・11を越えて―』（徳間書店、二〇一二年）
清水修二『原発とは結局なんだったのか』（東京新聞、二〇一二年）
自由民主党『日本国憲法改正草案 Q&A（増補版）』（自民党ウェブサイト（http://www.jimin.jp/policy/pamphlet/pdf/kenpou_qa.pdf）、二〇一三年）※
鈴木昭典『日本国憲法を生んだ密室の九日間』（創元社、一九九五年）
鈴木安蔵『憲法学三十年』（評論社、一九六七年）、『憲法制定前後』（青木書店、一九七七年）
隅野隆徳『欠陥「国民投票法」はなぜ危ないのか』（アスキー新書、二〇一〇年）
芹沢斉ほか編『新基本法コンメンタール憲法』（日本評論社、二〇一一年）

泉水健宏「『子ども・被災者生活支援法』の成立」『立法と調査』三三三号（二〇一二年一〇月号）
外岡秀俊『3・11複合被災』（岩波新書、二〇一二年）
高見勝利「天変地異と憲法」憲法理論研究会編『政治変動と憲法理論』（敬文堂、二〇一一年）
高見勝利編『あたらしい憲法のはなし　他二篇』（岩波現代文庫、二〇一三年）
田村理『僕らの憲法学』（ちくまプリマー新書、二〇〇八年）
津久井進『大災害と法』（岩波新書、二〇一二年）
東京電力福島原子力発電所事故調査委員会『国会事故調報告書』（徳間書店、二〇一二年）
中里見博『憲法24条＋9条―なぜ男女平等がねらわれるのか』（かもがわブックレット、二〇〇五年）
中村博雄『カント批判哲学による「個人の尊重」（日本国憲法13条）と「平和主義」（前文）の形而上学的基礎づけ』（成文堂、二〇〇八年）
西修『憲法改正の論点』（文春新書、二〇一三年）※
野中俊彦ほか『憲法Ⅰ・Ⅱ（第五版）』（有斐閣、二〇一二年）
長谷川一裕『自民党改憲案を読み解く』（かもがわ出版、二〇一三年）
長谷部恭男『憲法とは何か』（岩波新書、二〇〇六年）
畠基晃「議事録未作成問題の経緯と現状」『立法と調査』三三三号（二〇一二年一〇月号）
畑村洋太郎ほか『福島原発事故はなぜ起こったか―政府事故調核心解説』（講談社、二〇一三年）
樋口陽一『いま、「憲法改正」をどう考えるか』（岩波書店、二〇一三年）
樋口陽一ほか『注解法律学全集1・憲法Ⅰ』（青林書院、一九九四年）
日野行介『福島原発事故県民健康管理調査の闇』（岩波新書、二〇一三年）
福島原発事故記録チーム編『福島原発事故東電テレビ会議49時間の記録』（岩波書店、二〇一三年）
福島民報社『福島と原発』（早稲田大学出版部、二〇一三年）
藤原書店編集部『震災の思想―阪神大震災と戦後日本』（藤原書店、一九九五年）
水島朝穂『東日本大震災と憲法』（早稲田大学ブックレット、二〇一二年）
森英樹編『現代憲法における安全』（日本評論社、二〇〇九年）

森本敏ほか『国防軍とは何か』（幻冬舎ルネッサンス新書、二〇一三年）※
安冨歩『原発危機と「東大話法」』（明石書店、二〇一二年）
山内敏弘『人権・主権・平和―生命権からの憲法的省察』（日本評論社、二〇〇三年）
山下祐介ほか編著『「原発避難」論』（明石書店、二〇一二年）
山室信一『憲法9条の思想水脈』（朝日選書、二〇〇七年）
湯浅誠『反貧困』（岩波新書、二〇〇八年）
吉田邦彦『都市居住・災害復興・戦争補償と批判的「法の支配」』（有斐閣、二〇一一年）

「特集・クール！に論じる憲法改正」『論座』（二〇〇五年六月号）
「特集・法律学にできること―東日本大震災を契機に考える」『法学教室』三七二号（二〇一一年九月号）
『破局の後を生きる（『世界』八二六号別冊）』（二〇一二年）
『憲法特別編集（『週刊金曜日』臨時増刊号）』（二〇一三年七月九日号）
杉原泰雄監修『ＤＶＤ版映像で語るわたしたちの日本国憲法』（イメージユニオン、二〇〇四年）

（著者紹介）

金井　光生（かない・こうせい）

福島大学行政政策学類准教授（憲法学・法哲学）

一九七三年愛知県生まれ。東京都立大学大学院社会科学研究科退学。修士（法学）。

二〇〇五年より現職（二〇〇七年に助教授から准教授）。

主要著作：『裁判官ホームズとプラグマティズム』（風行社、二〇〇六年＊二〇〇七年度日本法哲学会奨励賞受賞）、「表現空間の設計構想（アメリカ）」駒村圭吾ほか編著『表現の自由Ⅰ』（尚学社、二〇一一年）、「国旗国歌職務命令訴訟最高裁判決」『法学教室』三七七号（二〇一二年二月号）、「国旗国歌職務命令訴訟最高裁判決判例評釈（裏）」福島大学行政社会学会『行政社会論集』二四巻四号（二〇一二年）、「メメント・モリ・２０１１・３・11」大野達司編著『社会と主権（仮題）』（風行社、二〇一四年近刊）など。

福島大学ブックレット『21世紀の市民講座』刊行によせて

福島大学行政政策学類の前身である行政社会学部は、教育学部と経済学部に続く第3の学部として、1987年10月に創設され、2007年10月にようやく二十歳を迎えました。学問分野の既存の枠を越えて、地域社会の諸問題を解き明かそうと、人文社会科学系から理工系まで、専門分野が多岐にわたる教員スタッフが結集し、以来20年、地域社会に学び、地域に開かれた学部を目ざして、教育・研究を積み重ねてきました。1993年の地域政策科学研究科（修士課程）開設、2004年4月の国立大学法人化を経て、同年10月には理工系学部をつくるための改革により、行政政策学類として再出発することになりましたが、行政社会学部の教育理念を引き継ぎ、地域とともにある学類として歩んでいく決意を新たにしているところです。

21世紀に入って、戦争・紛争の解決はもとより、地球環境問題、格差・貧困問題、差別・人権問題を始めとする地球規模の問題群が深刻化するばかりでなく、地域に目を向けても、グローバリゼーションの影響下、過疎・山村はもちろんのこと、多くの地方都市が疲弊し追いつめられつつあります。大学も同様で、国際競争力に勝ち抜く人材育成と研究開発に特化する高等教育政策の本格化によって、生き残りをかけた競争を強いられています。

しかし、ユネスコ「21世紀にむけた高等教育に関する世界宣言」（1998）に、高等教育の改革は学生を主要なパートナーおよび責任ある当事者とみなし、「地域社会と労働界を基礎に発展」させなければならないと謳われているように、日本の大学も、世界を見通しながら地域社会を拓く「知の再構成」を担う主体となることが求められているのではないでしょうか。

福島大学ブックレット『21世紀の市民講座』は、学部創設20周年を記念して刊行いたします。行政社会学部・行政政策学類の教員が、創設以来学生とともに培ってきた教育実践や、市民公開講座・講演会および地域活動実践の記録、調査研究の成果等を素材とするこのシリーズは、地域社会に学び、地域社会に開かれた、地域とともにある学類・研究科として、地域社会に発信するとともに、新たな協働的な知の創造の契機となることを願って企画しました。

中学・高校生から大学生・大学院生・研究者はもちろんのこと、本学部・学類の卒業生たちのように自治体職員、協同組合、公益法人など公共性のある仕事についている方々を含む、地域社会を構成する市民の皆さんに、広く活用していただくことを期待しています。

２００８年９月30日

福島大学行政政策学類長　千葉　悦子

フクシマで“日本国憲法〈前文〉”を読む
—家族で語ろう憲法のこと

2014年2月10日　発行　　　　　　定価（本体1000円＋税）

著　者　金井　光生
編　集　福島大学行政社会学部（現・行政政策学類）
　　　　創設20周年記念ブックレット編集委員会
発行者　武内　英晴
発行所　公人の友社
　　　　ＴＥＬ　０３－３８１１－５７０１
　　　　ＦＡＸ　０３－３８１１－５７９５
　　　　Ｅメール　info@koujinnotomo.com
　　　　http://koujinnotomo.com/

「官治・集権」から
「自治・分権」へ

市民・自治体職員・研究者のための

自治・分権テキスト

《出版図書目録 2014.2》

〒120-0002　東京都文京区小石川 5-26-8
TEL　03-3811-5701
FAX　03-3811-5795
mail　info@koujinnotomo.com

公人の友社

●ご注文はお近くの書店へ
小社の本は、書店で取り寄せることができます。
●＊印は〈残部僅少〉です。品切れの場合はご容赦ください。
●直接注文の場合は
電話・FAX・メールでお申し込み下さい。

TEL　03-3811-5701
FAX　03-3811-5795
mail　info@koujinnotomo.com

（送料は実費、価格は本体価格）

［福島大学ブックレット「21世紀の市民講座」］

No.1
外国人労働者と地域社会の未来
著：桑原靖夫・香川孝三、
編：坂本惠　900円

No.2
自治体政策研究ノート
今井照　900円

No.3
住民による「まちづくり」の作法
今西一男　1,000円

No.4
格差・貧困社会における市民の権利擁護
金子勝　900円

No.5
法学の考え方・学び方
イェーリングにおける「秤」と「剣」
富田哲　900円

No.6
今なぜ権利擁護か
ネットワークの重要性
高野範城・新村繁文　1,000円

No.7
小規模自治体の可能性を探る
保母武彦・菅野典雄・佐藤力・竹内是俊・松野光伸　1,000円

No.8
小規模自治体の生きる道
連合自治の構築をめざして
神原勝　900円

No.9
文化資産としての美術館利用
地域の教育・文化的生活に資する方法研究と実践
辻みどり・田村奈保子・真歩仁しょうん　900円

No.10
フクシマで"日本国憲法〈前文〉"を読む
家族で語ろう憲法のこと
金井光生　1,000円

［地方自治ジャーナルブックレット］

No.1
水戸芸術館の実験
森啓　1,166円（品切れ）

No.2
政策課題研究研修マニュアル
首都圏政策研究・研修研究会
1,359円（品切れ）

No.3
使い捨ての熱帯雨林
熱帯雨林保護法律家リーグ
971円（品切れ）

No.4
自治体職員世直し志士論
童門冬二・村瀬誠　971円＊

No.5
行政と企業は文化支援で何ができるか
日本文化行政研究会　1,166円（品切れ）

No.6
まちづくりの主人公は誰だ
浦野秀一　1,165円（品切れ）

No.7
パブリックアート入門
竹田直樹　1,166円（品切れ）

No.8
市民的公共性と自治
今井照　1,166円（品切れ）

No.9
ボランティアを始める前に
佐野章二　777円

No.10
自治体職員の能力
自治体職員能力研究会　971円

No.11
パブリックアートは幸せか
山岡義典　1,166円＊

No.12
市民が担う自治体公務
パートタイム公務員論研究会
1,359円

No.13
行政改革を考える
山梨学院大学行政研究センター
1,166円（品切れ）

No.14
上流文化圏からの挑戦
山梨学院大学行政研究センター
1,166円

No.15
市民自治と直接民主制
高寄昇三　951円

No.16
議会と議員立法
上田章・五十嵐敬喜 1,600円＊

No.17
分権段階の自治体と政策法務
山梨学院大学行政研究センター
1,456円

No.18
地方分権と補助金改革
高寄昇三　1,200円

No.19
分権化時代の広域行政
山梨学院大学行政研究センター
1,200円

No.20
あなたの町の学級編成と地方分権
田嶋義介　1,200円

No.21
自治体も倒産する
加藤良重　1,000円（品切れ）

No.22
ボランティア活動の進展と自治体の役割
山梨学院大学行政研究センター
1,200円

No.23
新版2時間で学べる「介護保険」
加藤良重　800円

No.24
男女平等社会の実現と自治体の役割
山梨学院大学行政研究センター
1,200円

No.25
市民がつくる東京の環境・公害条例
市民案をつくる会　1,000円

No.26
東京都の「外形標準課税」はなぜ正当なのか
青木宗明・神田誠司　1,000円

No.27
少子高齢化社会における福祉のあり方
山梨学院大学行政研究センター　1,200円

No.28
財政再建団体
橋本行史　1,000円（品切れ）

No.29
交付税の解体と再編成
高寄昇三　1,000円

No.30
町村議会の活性化
山梨学院大学行政研究センター　1,200円

No.31
地方分権と法定外税
外川伸一　800円

No.32
東京都銀行税判決と課税自主権
高寄昇三　1,200円

No.33
都市型社会と防衛論争
松下圭一　900円

No.34
中心市街地の活性化に向けて
山梨学院大学行政研究センター　1,200円

No.35
自治体企業会計導入の戦略
高寄昇三　1,100円

No.36
行政基本条例の理論と実際
神原勝・佐藤克廣・辻道雅宣　1,100円

No.37
市民文化と自治体文化戦略
松下圭一　800円

No.38
まちづくりの新たな潮流
山梨学院大学行政研究センター　1,200円

No.39
ディスカッション三重の改革
中村征之・大森弥　1,200円

No.40
政務調査費
宮沢昭夫　1,200円（品切れ）

No.41
市民自治の制度開発の課題
山梨学院大学行政研究センター　1,200円

No.42
《改訂版》自治体破たん・「夕張ショック」の本質
橋本行史　1,200円＊

No.43
分権改革と政治改革
西尾勝　1,200円

No.44
自治体人材育成の着眼点
浦野秀一・井澤壽美子・野田邦弘・西村浩・三関浩司・杉谷戸知也・坂口正治・田中富雄　1,200円

No.45
シンポジウム障害と人権
橋本宏子・森田明・湯浅和恵・池原毅和・青木九馬・澤静子・佐々木久美子　1,400円

No.46
地方財政健全化法で財政破綻は阻止できるか
高寄昇三　1,200円

No.47
地方政府と政策法務
加藤良重　1,200円

No.48
政策財務と地方政府
加藤良重　1,400円

No.49
政令指定都市がめざすもの
高寄昇三　1,400円

No.50
良心的裁判員拒否と責任ある参加
市民社会の中の裁判員制度
大城　聡　1,000円

No.51
討議する議会
自治体議会学の構築をめざして
江藤俊昭　1,200円

No.52
【増補版】大阪都構想と橋下政治の検証
府県集権主義への批判
高寄昇三　1,200円

No.53
虚構・大阪都構想への反論
橋下ポピュリズムと都市主権の対決
高寄昇三　1,200円

No.54
大阪市存続・大阪都粉砕の戦略
地方政治とポピュリズム
高寄昇三　1,200円

No.55
「大阪都構想」を越えて
問われる日本の民主主義と地方自治
（社）大阪自治体問題研究所　1,200円

No.56
翼賛議会型政治・地方民主主義への脅威
地域政党と地方マニフェスト
高寄昇三　1,200円

No.57
なぜ自治体職員にきびしい法遵守が求められるのか
加藤良重　1,200円

No.58
東京都区制度の歴史と課題
都区制度問題の考え方
著：栗原利美、編：米倉克良　1,400円

No.59
七ヶ浜町（宮城県）で考える
「震災復興計画」と住民自治
編著：自治体学会東北 YP　1,400円

No.60
市民が取り組んだ条例づくり
市長・職員・市議会とともにつくった所沢市自治基本条例
編著：所沢市自治基本条例を育てる会　1,400円

No.61
いま、なぜ大阪市の消滅なのか
「大都市地域特別区法」の成立と
今後の課題
編著：大阪自治を考える会　800円

No.62
地方公務員給与は高いのか
非正規職員の正規化をめざして
著：高寄昇三・山本正憲　1,200円

【地方自治土曜講座ブックレット】

No.1
現代自治の条件と課題
神原勝　800円＊

No.2
自治体の政策研究
森啓　500円＊

No.3
現代政治と地方分権
山口二郎　500円＊

No.4
行政手続と市民参加
畠山武道　500円＊

No.5
成熟型社会の地方自治像
間島正秀　500円＊

No.6
自治体法務とは何か
木佐茂男　500円＊

No.7
自治と参加　アメリカの事例から
佐藤克廣　500円＊

No.8
政策開発の現場から
小林勝彦・大石和也・川村喜芳
800円＊

No.9
まちづくり・国づくり
五十嵐広三・西尾六七　500円＊

No.10
自治体デモクラシーと政策形成
山口二郎　500円＊

No.11
自治体理論とは何か
森啓　500円＊

No.12
池田サマーセミナーから
間島正秀・福士明・田口晃　500円＊

No.13
憲法と地方自治
中村睦男・佐藤克廣　500円
（品切れ）

No.14
まちづくりの現場から
斉藤外一・宮嶋望　500円＊

No.15
環境問題と当事者
畠山武道・相内俊一　500円＊

No.16
情報化時代とまちづくり
千葉純・笹谷幸一　600円
（品切れ）

No.17
市民自治の制度開発
神原勝　500円＊

No.18
行政の文化化
森啓　600円＊

No.19
政策法務と条例
阿部泰隆　600円＊

No.20
政策法務と自治体
岡田行雄　600円（品切れ）

No.21
分権時代の自治体経営
北良治・佐藤克廣・大久保尚孝
600円＊

No.22
地方分権推進委員会勧告と
これからの地方自治
西尾勝　500円＊

No.23
産業廃棄物と法
畠山武道　600円＊

No.24
自治体計画の理論と手法
神原　勝　600円（品切れ）

No.25
自治体の施策原価と事業別予算
小口進一　600円＊

No.26
地方分権と地方財政
横山純一　600円（品切れ）

No.27
比較してみる地方自治
田口晃・山口二郎　600円＊

No.28
議会改革とまちづくり
森啓　400円（品切れ）

No.29
自治体の課題とこれから
逢坂誠二　400円＊

No.30
内発的発展による地域産業の振興
保母武彦　600円（品切れ）

No.31
地域の産業をどう育てるか
金井一頼　600円＊

No.32
金融改革と地方自治体
宮脇淳　600円＊

No.33
ローカルデモクラシーの統治能力
山口二郎　400円＊

No.34
政策立案過程への戦略計画手法の導入
佐藤克廣　500円＊

No.35
「変革の時」の自治を考える
神原昭子・磯田憲一・大和田健太郎
600円＊

No.36
地方自治のシステム改革
辻山幸宣　400円（品切れ）

No.37
分権時代の政策法務
礒崎初仁　600円＊

No.38
地方分権と法解釈の自治
兼子仁　400円＊

No.39
「近代」の構造転換と新しい
「市民社会」への展望
今井弘道　500円＊

No.40
自治基本条例への展望
辻道雅宣　500円＊

No.41
少子高齢社会の自治体の
福祉法務
加藤良重　400円＊

No.42
改革の主体は現場にあり
山田孝夫　900円

No.43
自治と分権の政治学
鳴海正泰　1,100円

No.44
公共政策と住民参加
宮本憲一　1,100円＊

No.45
農業を基軸としたまちづくり
小林康雄　800円

No.46
これからの北海道農業とまちづくり
篠田久雄　800円

No.47
自治の中に自治を求めて
佐藤守　1,000円

No.48
介護保険は何をかえるのか
池田省三　1,100円

No.49
介護保険と広域連合
大西幸雄　1,000円

No.50
自治体職員の政策水準
森啓　1,100円

No.51
分権型社会と条例づくり
篠原一　1,000円

No.52
自治体における政策評価の課題
佐藤克廣　1,000円

No.53
小さな町の議員と自治体
室埼正之　900円

No.55
改正地方自治法とアカウンタビリティ
鈴木庸夫　1,200円

No.56
財政運営と公会計制度
宮脇淳　1,100円

No.57
自治体職員の意識改革を如何にして進めるか
林嘉男　1,000円

No.59
環境自治体とＩＳＯ
畠山武道　700円

No.60
転型期自治体の発想と手法
松下圭一　900円

No.61
分権の可能性
スコットランドと北海道
山口二郎　600円

No.62
機能重視型政策の分析過程と財務情報
宮脇淳　800円

No.63
自治体の広域連携
佐藤克廣　900円

No.64
分権時代における地域経営
見野全　700円

No.65
町村合併は住民自治の区域の変更である
森啓　800円

No.66
自治体学のすすめ
田村明　900円

No.67
市民・行政・議会のパートナーシップを目指して
松山哲男　700円

No.69
新地方自治法と自治体の自立
井川博　900円

No.70
分権型社会の地方財政
神野直彦　1,000円

No.71
自然と共生した町づくり
宮崎県・綾町
森山喜代香　700円

No.72
情報共有と自治体改革
片山健也　1,000円

No.73
地域民主主義の活性化と自治体改革
山口二郎　900円

No.74
分権は市民への権限委譲
上原公子　1,000円

No.75
今、なぜ合併か
瀬戸亀男　800円

No.76
市町村合併をめぐる状況分析
小西砂千夫　800円

No.78
ポスト公共事業社会と自治体政策
五十嵐敬喜　800円

No.80
自治体人事政策の改革
森啓　800円

No.82
地域通貨と地域自治
西部忠　900円（品切れ）

No.83
北海道経済の戦略と戦術
宮脇淳　800円

No.84
地域おこしを考える視点
矢作弘　700円

No.87
北海道行政基本条例論
神原勝　1,100円

No.90
「協働」の思想と体制
森啓　800円＊

No.91
協働のまちづくり
三鷹市の様々な取組みから
秋元政三　700円＊

No.92
シビル・ミニマム再考
松下圭一　900円

No.93
市町村合併の財政論
高木健二　800円＊

No.95
市町村行政改革の方向性
佐藤克廣　800円

No.96
創造都市と日本社会の再生
佐々木雅幸　900円

No.97
地方政治の活性化と地域政策
山口二郎　800円

No.98
多治見市の総合計画に基づく政策実行
西寺雅也　800円

No.99
自治体の政策形成力
森啓　700円

No.100
自治体再構築の市民戦略
松下圭一　900円

No.101
維持可能な社会と自治体
宮本憲一　900円

No.102
道州制の論点と北海道
佐藤克廣　1,000円

No.103
自治基本条例の理論と方法
神原勝　1,100円

No.104
働き方で地域を変える
山田眞知子　800円（品切れ）

No.107
公共をめぐる攻防
樽見弘紀　600円

No.108
三位一体改革と自治体財政
岡本全勝・山本邦彦・北良治・逢坂誠二・川村喜芳　1,000円

No.109
連合自治の可能性を求めて
松岡市郎・堀則文・三本英司・佐藤克廣・砂川敏文・北良治他　1,000円

No.110
「市町村合併」の次は「道州制」か
森　啓　900円

No.111
コミュニティビジネスと建設帰農
松本懿・佐藤吉彦・橋場利夫・山北博明・飯野政一・神原勝　1,000円

No.112
「小さな政府」論とはなにか
牧野富夫　700円

No.113
栗山町発・議会基本条例
橋場利勝・神原勝　1,200円

No.114
北海道の先進事例に学ぶ
宮谷内留雄・安斎保・見野全・佐藤克廣・神原勝　1,000円

No.115
地方分権改革の道筋
西尾勝　1,200円

No.116
転換期における日本社会の可能性
～維持可能な内発的発展
宮本憲一　1,100円

【TAJIMI CITY ブックレット】

No.2
転型期の自治体計画づくり
松下圭一　1,000円

No.3
これからの行政活動と財政
西尾勝　1,000円（品切れ）

No.4
構造改革時代の手続的公正と第二次分権改革
鈴木庸夫　1,000円

No.5
自治基本条例はなぜ必要か
辻山幸宣　1,000円

No.6
自治のかたち、法務のすがた
天野巡一　1,100円

No.7
自治体再構築における行政組織と職員の将来像
今井照　1,100円（品切れ）

No.8
持続可能な地域社会のデザイン
植田和弘　1,000円

No.9
「政策財務」の考え方
加藤良重　1,000円

No.10
市場化テストをいかに導入するべきか
竹下譲　1,000円

No.11
市場と向き合う自治体
小西砂千夫・稲澤克祐　1,000円

【北海道自治研ブックレット】

No.1
市民・自治体・政治
再論・人間型としての市民
松下圭一　1,200円

No.2
議会基本条例の展開
その後の栗山町議会を検証する
橋場利勝・中尾修・神原勝　1,200円

No.3
福島町の議会改革
議会基本条例＝開かれた議会づくりの集大成
溝部幸基・石堂一志・中尾修・神原勝　1,200円

【地域ガバナンスシステム・シリーズ】
（龍谷大学地域人材・公共政策開発システム・オープン・リサーチセンター（LORC）…企画・編集）

No.1
地域人材を育てる自治体研修改革
土山希美枝　900円

No.2
公共政策教育と認証評価システム
坂本勝　1,100円

No.3
暮らしに根ざした心地よいまち
1,100円

No.4
持続可能な都市自治体づくりのためのガイドブック
1,100円

No.5
英国における地域戦略パートナーシップ
編：白石克孝、監訳：的場信敬　900円

No.6
マーケットと地域をつなぐパートナーシップ
編：白石克孝、著：園田正彦 1,000円

No.7
政府・地方自治体と市民社会の戦略的連携
的場信敬 1,000円

No.8
多治見モデル
大矢野修 1,400円

No.9
市民と自治体の協働研修ハンドブック
土山希美枝 1,600円

No.10
行政学修士教育と人材育成
坂本勝 1,100円

No.11
アメリカ公共政策大学院の認証評価システムと評価基準
早田幸政 1,200円

No.12
イギリスの資格履修制度
資格を通しての公共人材育成
小山善彦 1,000円

No.14
炭を使った農業と地域社会の再生
市民が参加する地球温暖化対策
井上芳恵 1,400円

No.15
対話と議論で〈つなぎ・ひきだす〉ファシリテート能力育成ハンドブック
土山希美枝・村田和代・深尾昌峰 1,200円

No.16
「質問力」からはじめる自治体議会改革
土山希美枝 1,100円

［生存科学シリーズ］

No.2
再生可能エネルギーで地域がかがやく
秋澤淳・長坂研・小林久 1,100円

No.3
小水力発電を地域の力で
小林久・戸川裕昭・堀尾正靱 1,200円＊

No.4
地域の生存と社会的企業
柏雅之・白石克孝・重藤さわ子 1,200円

No.5
地域の生存と農業知財
澁澤栄・福井隆・正林真之 1,000円

No.6
風の人・土の人
千賀裕太郎・白石克孝・柏雅之・福井隆・飯島博・曽根原久司・関原剛 1,400円

No.7
地域からエネルギーを引き出せ！ PEGASUS ハンドブック
（環境エネルギー設計ツール）
監修：堀尾正靱・白石克孝、著：重藤さわ子・定松功・土山希美枝 1,400円

No.8
地域分散エネルギーと「地域主体」の形成
風・水・光エネルギー時代の主役を作る－
編：小林久・堀尾正靱、著：独立行政法人科学技術振興機構 社会技術研究開発センター「地域に根ざした脱温暖化・環境共生社会」研究開発領域 地域分散電源等導入タスクフォース 1,400円

No.9
省エネルギーを話し合う実践プラン46
エネルギーを使う・創る・選ぶ
編著：中村洋・安達昇
編者著：独立行政法人科学技術振興機構 社会技術研究開発センター「地域に根ざした脱温暖化・環境共生社会」研究開発領域 1,500円

［都市政策フォーラムブックレット］

No.1
「新しい公共」と新たな支え合いの創造へ
渡辺幸子・首都大学東京 都市教養学部都市政策コース 900円
（品切れ）

No.2
景観形成とまちづくり
首都大学東京 都市教養学部都市政策コース 1,000円

No.3
都市の活性化とまちづくり
首都大学東京 都市教養学部都市政策コース 1,100円

［京都府立大学京都政策研究センターブックレット］

No.1
地域貢献としての「大学発シンクタンク」
京都政策研究センター（KPI）の挑戦
編著 青山公三・杉岡秀紀・藤沢実 1,000円

［朝日カルチャーセンター地方自治講座ブックレット］

No.1
自治体経営と政策評価
山本清 1,000円

No.2
ガバメント・ガバナンスと行政評価
星野芳昭 1,000円（品切れ）

No.4
「政策法務」は地方自治の柱づくり
辻山幸宣 1,000円

No.5
政策法務がゆく
北村善宣 1,000円

［政策・法務基礎シリーズ］

No.1
自治立法の基礎
東京都市町村職員研修所 600円
（品切れ）

No.2
政策法務の基礎
東京都市町村職員研修所　952円

【シリーズ】

［自治体〈危機〉叢書］

2000年分権改革と自治体危機
松下圭一　1,500円

自治体連携と受援力
～もう国に依存できない
神谷秀之・桜井誠一　1,600円

自治体財政破綻の危機・管理
加藤良重　1,400円

住民監査請求制度の危機と課題
田中孝男　1,500円

政府財政支援と被災自治体財政
高寄昇三　1,600円

政策転換への新シナリオ
小口進一　1,500円

［地方財政史］

高寄昇三著　各5,000円

大正地方財政史・上巻
大正デモクラシーと地方財政

大正地方財政史・下巻
政党化と地域経営
都市計画と震災復興

昭和地方財政史・第一巻
地域格差と両税委譲
分与税と財政調整

昭和地方財政史・第二巻
補助金の成熟と変貌
匡救事業と戦時財政

昭和地方財政史・第三巻
府県財政と国庫支援
地域救済と府県自治

［私たちの世界遺産］

No.1
持続可能な美しい地域づくり
五十嵐敬喜他　1,905円

No.2
地域価値の普遍性とは
五十嵐敬喜・西村幸夫　1,800円

No.3
世界遺産登録・最新事情
長崎・南アルプス
五十嵐敬喜・西村幸夫　1,800円

No.4
新しい世界遺産の登場
南アルプス［自然遺産］九州・山口［近代化遺産］
五十嵐敬喜・西村幸夫・岩槻邦男・松浦晃一郎
2,000円

〔別冊〕No.1
ユネスコ憲章と平泉・中尊寺供養願文
五十嵐敬喜・佐藤弘弥　1,200円

〔別冊〕No.2
平泉から鎌倉へ
鎌倉は世界遺産になれるか?!
五十嵐敬喜・佐藤弘弥　1,800円

［単行本］

フィンランドを世界一に導いた100の社会改革
編著　イルカ・タイパレ
訳　山田眞知子　2,800円

公共経営学入門
編著　ボーベル・ラフラー
訳　みえガバナンス研究会
監修　稲澤克祐、紀平美智子
2,500円

変えよう地方議会
～3・11後の自治に向けて
編著　河北新報社編集局
2,000円

自治体職員研修の法構造
田中孝男　2,800円

自治基本条例は活きているか?!
～ニセコ町まちづくり基本条例の10年
編　木佐茂男・片山健也・名塚昭
2,000円

国立景観訴訟
～自治が裁かれる
編著　五十嵐敬喜・上原公子　2,800円

成熟と洗練
～日本再構築ノート
松下圭一　2,500円

地方自治制度「再編論議」の深層
監修　木佐茂男
著　青山彰久・国分高史一　1,500円

韓国における地方分権改革の分析～弱い大統領と地域主義の政治経済学
尹誠國　1,400円

自治体国際政策論
～自治体国際事務の理論と実践
楠本利夫　1,400円

自治体職員の「専門性」概念
～可視化による能力開発への展開
林奈生子　3,500円

アニメの像VS.アートプロジェクト～まちとアートの関係史
竹田直樹　1,600円

NPOと行政の《協働》活動における「成果要因」
～成果へのプロセスをいかにマネジメントするか
矢代隆嗣　3,500円